KB236553

대화가 필요한 순간

대화가 필요한 순간

커뮤니케이션 전문가
류지현 아나운서의
고품격 대화법

류지현 지음

서교출판사

왜 어떤 사람의 말은
오래 남을까

아나운서로 살다 보면 말을 참 많이 하게 된다. 하루에도 수없이 많은 말을 하지만, 시간이 지날수록 이런 생각이 들었다. 말을 잘하는 것과, 말로 신뢰를 얻는 것은 전혀 다른 문제라는 사실이다.

나 역시 오랜 세월 아나운서와 국회의원으로 공직을 맡아 오며 수많은 사람을 만나고, 수많은 말을 건네왔다. 그 과정에서 깨달은 것은 단순하다. 사람들은 말의 유창함보다 그 말에 담긴 태도와 신뢰, 말하는 이의 마음을 더 오래 기억한다는 점이다.

그래서 같은 말을 해도 어떤 사람의 말은 믿음이 되고, 어떤 말은 공기처럼 흩어진다.

현역 시절 함께했던 방송과 국제행사 현장에서 류지현 아나운서를 지켜보며 나는 오랜만에 '말에 신뢰가 담긴 사람'을 만났다는 느낌을 받았다. 그는 말을 앞세우지 않는다. 대신 상황을 읽고, 사람을 살피며, 꼭 필요한 말만 센스 있게 건넨다. 아나운서, 기자, 특파원, 국제행사 대변인으로 현장을 누비며 쌓아온 그의 이력은 화려함보다 단정함, 기술보다 사려 깊음에 가깝다. 그래서 그의 말에는 힘이 있고 흔들리지 않는 울림이 있다

『대화가 필요한 순간』은 말 잘하는 법을 가르치는 책이 아니다. 인사 한마디, 요약 한 문장, 질문하는 법, 거절하는 태도, 사과의 타이밍, 그리고 때로는 말하지 않는 용기까지—우리가 매일 마주하는 대화의 순간들을 차분하게 짚어준다. 현장에서 건져 올린 사례와 바로 써먹을 수 있는 조언들이 담겨 있어, 읽다 보면 "아, 이래서 말이 중요하구나" 하고 고개를 끄덕이게 된다.

방송을 하며 늘 느꼈다. 말은 상대를 이기기 위한 도구가 아니라 관계를 이어주는 다리여야 한다는 것을. 이 책은 그 다리를 어떻게 놓아야 하는지를 친절하게 알려준다. 무엇보다 말의 기술보다 사람을 먼저 생각하게 만든다는 점에서 각별하다.

말 앞에서 늘 조심스러운 사람, 말 한마디 때문에 관계가 어색해진 경험이 있는 사람, 그리고 자신의 언어를 조금 더 따뜻하게 가꾸고 싶은 사람이라면 이 책은 좋은 벗이 되어줄 것이다.

『대화가 필요한 순간』이 우리의 말에 온기를 보태고, 사람과 사람 사이를 조금 더 다정하게 이어주기를 바란다.

이계진

차례

1장   사람의 마음을 여는 대화의 기술

2장   유능하게 보이는 대화의 기술

✳ ❄ ✿ ❀

관계의 성공을 좌우하는
대화의 힘

위대한 철학자 플라톤은 말이 영혼을 움직이는 가장 강력한 도구라고 했다. 말에는 누군가의 마음을 흔들고 생각을 바꾸게 하는 힘이 있다는 것이다. 살아가면서 갈고닦아야 할 가장 중요한 능력으로 많은 사람들이 '말하기'를 꼽는 것도 바로 이런 연유에서 비롯된 것이 아닐까 싶다.

하지만 말은 상대나 상황에 따라 우호적 관계를 낳기도 하고 갈등을 일으키기도 한다. 나 역시 그랬다. 오랫동안 방송, 언론 등 커뮤니케이션 분야에 종사해왔지만 가장 많이 부딪히고 뜻대로 되지 않은 것이 바로 말에서 비롯된 관계 문제였다. 좋은 의도를 가지고도 표현 방법의 차이로 오해를 일으키고 당황하는 경우가 없지 않았다. 그래서 의식적으로 커뮤니케이션을 잘하려고 노력해온 것 같다. 그것이야말로 우리 인간이 살아가는 데 있어 다른 무엇보다 중요한 요소 아니던가.

대화를 뜻하는 단어 '다이얼로그'(dialogue)는 고대 그리스어 'dia'(사이)와 'logos'(말)에서 유래한 표현으로, 말이 서로를 통과해 나간다는 뜻이다. 만약 어느 한쪽으로만 이야기가 흘러간다면 그것은 진정한 대화라고 볼 수 없다.

훌륭한 커뮤니케이션은 단순히 말을 잘하는 것 이상의 의미를 지닌다. 우리의 생각과 감정을 명확하게 표현하고 상대방의 입장을 이해하며 공감을 이끌어내는 과정을 포함한다. 이러한 능력을 단련함으로써 우리는 보다 깊은 인간관계를 형성하고 유지할 수 있으며, 자신과 세상을 더 나은 방향으로 이끌어갈 수 있다.

그렇다면 이 시대가 필요로 하는 커뮤니케이션은 무엇일까?

상대와 우호적 관계를 맺기 위해서는 어떻게 말해야 할까? 나는 이 책에서 사람의 마음을 여는 법, 유능하게 보이는 법, 신뢰를 쌓는 법, 그리고 가치를 높여주는 법이라는 네 가지 주제를 바탕으로 커뮤니케이션의 기본 원칙과 기술적인 부분을 정리해보았다. 막연히 '말을 잘하자'라고 하기보다 '어떻게 하면 보다 진정성 있는 의사 전달이 가능할까', '어떻게 하면 공감을 주고받는 커뮤니케이션이 될까'라는 고민에 대한 구체적인 해법을 제시하고자 했다.

이를 위해 그동안의 경험을 되돌아보았고, 여러 방면에서 좋은 커뮤니케이터(communicator)라고 할 수 있는 사람들의 대화 방식을 유심히 살펴보고 소개했다. 특히 각 장의 마지막 부분에는 실생활에서 바로 사용할 수 있는 대화의 기술을 담았다. 다양한 상황과 관계에서 대화가 어떻게 이루어지는지 알고 하나둘 적용해나가다 보면 당신은 어느새 함께 대화하고 싶은 매력적이고 센스 있는 사람으로 변해 있을 것이다.

말과 대화가 더 나은 세상을 만들고 의미 있는 관계를 맺게 할 수 있다면, 삶의 변화를 이끌어낼 수 있다면 말 한마디에도 책임감을 느끼게 된다. 부디『대화가 필요한 순간』이 여러분의 말과 삶을 한층 더 단단하게 하는 계기가 되기를 바란다.

2026년 새해

지은이

사람의 마음을 여는 대화의 기술

*

첫인상을 결정짓는
인사의 기술

"요즘 애들은 왜 이렇게 인사를 안 하는지 모르겠어."
"인사 안 받아주는 상사, 어떻게 하면 좋을까요?"

최근 직장 내 인사 문제로 스트레스를 호소하는 사람들이 늘고 있다. 반갑게 인사를 건네도 못 본 체하거나 안부조차 묻지 않는 경우도 적지 않은 듯하다.

하지만 인사는 관계의 첫걸음이자 서로를 존중하는 대화의 필수 요소다. 성의 없는 태도나 분위기에 어울리지 않는 인사는 상대에게 불쾌감을 줄 수 있으므로 상황에 맞는 인사법을 익히고 실천하는 것이 무엇보다 중요하다.

특히 누군가를 처음 만나는 자리에서는 인사가 더욱 중요한 의미를 갖는다. 첫인상을 좌우할 뿐 아니라 이후의 대화와 분위기까지 결정짓기 때문이다. 실제로 우리는 업무 미팅이나 소개팅 자리에서 센스 있는 인사 한마디가 첫인상을 반전시키는 경우를 어렵지 않게 볼 수 있다.

“만나 뵙게 돼서 반갑습니다.”

“기대했던 것보다 훨씬 더 분위기가 있네요. 오늘 뜻깊은 시간 보내면 좋겠어요.”

이러한 인사는 상대에게 호감을 남기고 대화가 자연스럽게 이어지도록 돕는다. 관건은 적당한 크기의 목소리로 또박또박 인사를 건네는 것이다. 너무 작은 소리로 인사하거나 쭈뼛거리면 소심하고 자신 없어 보일 수 있으므로 주의해야 한다.

　　서로 아는 사이라면 그동안 달라진 모습을 알아봐주거나 덕담을 곁들여 큰 소리로 인사해보자. 오랜만에 만난 만큼 반가움을 담아 인사하면 더욱 효과적이다.

　　"어머, 헤어스타일 바꾸셨네요? 잘 어울리는데요!"
　　"말씀 많이 들었어요. 요즘 활약이 정말 대단하던데요."

　　직장에서는 상황에 어울리는 인사가 중요하다. 출근 후 동료나 선후배를 마주쳤을 때는 밝은 목소리로 인사하고, 다시 만났을 때는 가볍게 목례만 해도 충분하다. 잘 모르는 상사라도 자리에서 일어나 "안녕하십니까" 하고 인사하면 한층 정중한 인상을 줄 수 있다. 퇴근 무렵에는 "수고하셨습니다", "고생하셨습니다"처럼 상대의 노고를 알아주는 인사가 좋다. 이때 말끝을 살짝 올려 말하거나 가볍게 미소를 지으면 훨씬 친근한 느낌을 줄 수 있다. 인사는 한 사람의 태도와 역량을 보여주는 만큼 평소에도 좋은 습관을 들여놓을 필요가 있다.

생각해보면 우리는 매일 수많은 사람들을 만나며 살아간다. 길에서 우연히 스쳐 지나가는 인연이 있는가 하면 업무로 단단하게 맺어진 관계도 있다.

하지만 이들 가운데 실제로 인사를 주고받는 사람이 과연 얼마나 될까? 막상 따져보면 생각보다 그리 많지 않다. 더욱이 내가 먼저 인사를 건넨 경우로 좁혀 들어가보면 놀라울 정도로 적다. 그런 생각을 하다 보면 내가 사람들을 만나는 방식이 얼마나 좁았는지, 어떻게 먼저 인사할 생각조차 못하고 살았는지 반성하게 된다. 돈이 드는 일도 아닌데 왜 그렇게 인사 한마디에 인색했던 걸까?

미국에서 일하면서 가장 깊이 느낀 것은 인사 문화였다. 그들은 낯선 사람과도 자연스럽게 목례를 나누며 환하게 미소를 건네곤 했다.

"오늘 날씨 참 좋죠."
"트레이닝복이 참 멋진데요."

"좋은 하루 보내세요!"

특히 산책로나 엘리베이터에서 이런 말을 주고받은 날이면 발걸음이 한결 가벼워졌다. 바쁜 일상 속 짧은 인사 한마디, 소소한 스몰 토크는 그 자체로 관계의 온도를 높이고 그날의 기분까지 바꾸어 놓는다.

인사는 조금만 의식하고 연습하면 누구나 자연스럽게 익힐 수 있다. 어색하다면 혼자서라도 소리 내어 연습해보자.

거울 앞에서 표정을 점검해보는 것도 좋다. 실제로 커뮤니케이션 강의에서 나는 하루에 세 번 먼저 인사를 건네보라고 조언한다. 중요한 것은 자신이 어떤 이미지로 기억되기를 원하는지 구체적으로 떠올려보는 것이다. 긴장을 조금 풀고 미소 띤 얼굴로 먼저 인사를 건네보자. 상대가 긍성의 에너지를 느낄 수 있을 만큼 밝고 유쾌한 소리로 인사한다면 효과는 배가될 것이다.

Point

인사는 상대의 마음을 열고 관계를 발전시키는 첫 번째 관문이다.

단점보다는
장점에 주목하라

방송국 입사 초기의 일이다. 신입 아나운서들은 선배들의 혹독한 피드백을 받았다.

"말투가 왜 그 모양이야? 평소 태도가 방송에 다 드러나는 거 몰라?"

"왜 그렇게 혀 짧은 소리를 내니? 차라리 아나운서 그만두고 다른 일 알아보는 편이 낫겠다!"

이러한 지적을 받은 아나운서들은 어린 마음에 큰 충격을 받고 눈물을 흘리곤 했다. 자신감을 잃고 소리 소문 없이 회사를 떠나는 후배들도 있었다. 만약 선배들이 "목소리가 밝아서 듣기 좋다. 출근길 라디오 프로그램 같은 걸 맡으면 참 잘 어울릴 것 같아" 하고 격려해주었다면 어땠을까? 지금쯤 그 선배가 평생 멘토로 기억되지 않았을까?

심리학자들의 연구에 따르면 인간은 긍정적인 정보보다 부정적인 정보에 훨씬 더 민감하게 반응한다고 한다. 100가지 장점보다 한 가지 단점이 더 크게 보이는 것이다.

하지만 어떤 관점에서 보느냐에 따라 단점은 장점이 될 수 있다. 가령 두꺼운 안경이 콤플렉스인 사람에게 "안경 정말 잘 어울린다", "안경 쓰니까 지적으로 보여"라고 칭찬해주면 오히려 자신감이 생기고 스스로 매력 있는 사람이라는 생각이 들지 않겠는가?

특별히 칭찬할 만한 것이 없어 보이는 사람에게도 그만의 장점을 찾아 언급하면 친밀감을 높이는 데 도움이 된다.

이때 "요리를 참 잘 하시네요", "분위기 메이커시군요" 또는 "친화력이 좋아 사업을 하면 대성할 것 같아요"와 같이 구체적으로 표현하는 것이 바람직하다. 이러한 칭찬의 말은 상대에게 인정받는다는 느낌을 주어 자연스럽게 호감을 이끌어낸다.

장점을 찾아 말해주는 것은 상대의 잠재력을 끌어올리고 성장을 돕는 원동력이 된다. 크리스티안 안데르센과 토머스 에디슨 같은 위인들도 학교에서는 낙오자나 다름없었지만 어머니의 격려를 통해 세계적인 인물로 성장하지 않았던가.

특히 여러 사람이 함께 일하는 직장에서는 작은 실수 하나만으로 사람을 판단하는 경우가 많다. 그렇기에 장점을 찾아 건네는 한마디 칭찬은 더욱 큰 힘을 발휘한다. 유독 일이나 행동이 느려 매사에 답답해 보이는 사람이 있는데, 이런 이들에겐 핀잔을 주기보다 "덕분에 차분하게 생각할 수 있어 좋다"라고 격려해 보자. 그러면 실수를 줄이고 자신의 강점을 살려 성장하는 데 도움이 된다.

종종 실수를 저지르는 직원이 있었다. 보고서에서 중요한 내용을 빠뜨리는가 하면, 일정을 착각해 마감 기한을 넘긴 적도 있었다. 하지만 무작정 질책할 수는 없었다. 그 직원은 누구보다 업무에 열정적이었기 때문이다. 그녀는 매일 아침 30분 일찍 출근해 부족한 부분을 보완하려 애썼고, 서류 정리나 회의 준비와 같은 소소한 업무도 묵묵히 해냈다. 나는 고민 끝에 그녀에게 이렇게 말했다.

"생각보다 어려운 점이 많죠? 그래도 계속 노력하는 끈기를 높이 평가해요."

순간 직원의 얼굴에 환한 미소가 번졌다. 질책을 받을 거라 생각했는데 뜻밖에 긍정적 평가를 들은 것이다. 이후 그녀는 점차 실수를 줄여 나갔고, 몇 년 후 조직의 핵심 인재로 성장하게 되었다.

세상에 완벽한 사람은 없다. 아무리 훌륭한 리더라도 약점 하나쯤은 있기 마련이고, 부족한 사람도 그 나름의 장점을 찾으면 매력적인 구석이 있다. 며칠 전 한 모임에서 지인이 이런 말을 했다.

"나이가 드니까 자꾸 남의 단점만 눈에 들어오더라고요. 반성을 많이 했어요."

혹시 당신은 다른 사람의 단점만 지적하고 있지는 않은가? 충고라는 이름으로 가까운 이들에게 상처를 주고 있지는 않은가? 어쩌면 누군가 그런 시선으로 나를 바라보고 있을지 모른다. 이제는 스스로를 되돌아보며 세상과 다른 사람들을 새롭게 바라보는 연습을 해보자.

Point

마음을 담지 않은 칭찬은 오히려 역효과를 낼 수 있음을 기억하자.

공감을 부르는
역지사지 대화법

샌프란시스코에서 있었던 일이다. 코로나 때문에 미루고 미루다 떠난 모처럼의 여행이라 비교적 시설이 괜찮은 곳을 숙소로 정했다. 호텔 로비는 가족 여행객들로 한껏 들떠 있었다.

그런데 갑자기 문제가 생겼다. 호텔 물탱크가 고장 나는 바람에 객실에서 물을 사용할 수 없게 된 것이다. 하필이면 국경일 연휴 기간이라 복구 작업은 예상보다 많이 지연되고 있었다. 나는 프런트를 찾아가 직원에게 후속 조치가 어떻게 되고 있는지 물어보았다.

　문제는 그다음이었다. 그 직원이 "잠시만요, 잠시만요" 하더니 아예 내 쪽을 쳐다보지도 않는 것 아닌가. 특별히 좋은 숙소를 고른 터라 실망은 이만저만이 아니었다. 게다가 고객 만족을 최우선으로 내세우는 호텔에서 투숙객에게 '못 견디겠으면 나가라'라는 식으로 응대하는 모습은 매우 불합리하게 느껴졌다. 순간적으로 짜증이 확 치밀었지만 나는 잠시 호흡을 가다듬고 스스로에게 물어보았다.

'저 사람은 왜 저렇게 퉁명스러운 태도를 보이는 걸까?'

　고개를 돌려 주변을 둘러보자 상황이 조금씩 눈에 들어오기 시작했다. 그 호텔은 코로나로 인력 수급에 차질이 생겨 일손이 절대적으로 부족한 상황이었다. 문득 그 직원이 좀 안되었다는 생각이 들었다. 나는 안타까운 마음에 이렇게 말했다.

"다른 직원들이 없는 모양이네요. 오늘 하루 정말 힘들었겠어요."

그러자 직원의 얼굴에 희미한 미소가 떠올랐다. 그녀는 깊게 한숨을 쉬며 대답했다.

"네, 아침부터 하루 종일 혼자 일했거든요. 한 시간 전에 교대했어야 하는데 근무자가 아직도 안 나타나네요."
"세상에, 이렇게 상황이 비상인데도요?"
"누가 아니래요! 고객들 항의는 쏟아지는데 말이에요."

직원은 잠시 기다리라고 말하고는 어디론가 전화를 걸었다. 얼마 뒤 나타난 사람은 놀랍게도 그 호텔의 재무책임자였다. 그는 나에게 정중히 사의를 표했고, 식사권과 체류비를 제안하는 등 각별한 성의를 보였다. 상대의 입장을 헤아리고 공감한 것이 뜻밖의 긍정적인 결과로 돌아온 순간이었다.

공감은 상대의 이야기에 집중한다는 뜻이며, 내가 이해한 상대의 감정을 있는 그대로 표현하고 확인하는 행위다. 단지 기분이 나쁘다는 이유로 화를 내거나 상대와 다르다는 이유로 선을 그어버린다면 대화는 단절되고 말 것이다.

공감은 기업 경영에서도 빼놓을 수 없는 요소다. 조직 문화를 건강하게 만들고 성과를 높이는 데 중요한 역할을 하기 때문이다.

실제로 마이크로소프트는 사티아 나델라 CEO 재임 시절 공감 문화를 도입해 사내 분위기를 개선하고 회사의 성장 동력을 다시 확보한 바 있다. 세계적인 경영 매거진《하버드비즈니스리뷰》또한 공감 지수가 높은 상위 10개 기업의 기업 가치가 하위 10개 기업에 비해 두 배 이상 높다는 연구 결과를 소개하며 그 중요성을 강조했다.

아웃도어 브랜드 레이(REI)는 이러한 사실을 더욱 구체적으로 보여준다. 레이의 경영진은 블랙프라이데이에 겪는 직원들의 스트레스에 깊이 공감했고, 2015년 블랙프라이데이에 모든 온·오프라인 판매를 중단하는 결정을 내렸다. 막대한 손실을 감수하면서도 역지사지의 마음으로 문제를 바라본 것이다.

결과는 놀라웠다. 그해 말 레이의 수익은 9.3% 증가했고 온라인 매출은 23%나 증가했다. 신규 회원 역시 100만 명 이상 늘었다. 언론과 SNS에 사연이 알려지면서 많은 사람의 공감을 얻은 결과였다. 미국의 브랜딩 전문가 마리아 로스는 공감과 관련해 다음과 같은 말을 남겼다.

"기업은 경쟁력과 공감 능력을 모두 갖춰야 한다. 공감 능력은 고객 충성도, 기업 혁신, 수익성 등 기업 활동의 모든 영역에 직접적인 영향을 미친다."

공감에는 마음을 움직이는 힘이 있다. 단순한 반응을 넘어 개인과 조직 모두에게 의미 있는 변화를 이끌어내는 강력한 도구가 된다.

누군가와 소통이 잘 되지 않는다면 잠시 상대의 입장에서 생각해보자. 그 작은 시도가 문제를 풀고 성공을 앞당기는 결정적 실마리가 될 수 있다.

Point ———————————————————

대화는 상대의 입장에 서서 타협점을 찾아가는 과정이다.

대화의 이해를 높이는
요약의 힘

간혹 인터뷰나 대담에서 말하는 사람보다 내용을 정리해주고 다음 질문으로 넘어가는 진행자의 말에 더 귀를 기울이게 될 때가 있다. 연설이나 발표에서도 마찬가지다. 정리가 되지 않을 때 사회자가 핵심을 한마디로 요약해주면 전체 구조가 명확해진다.

방송인, 특히 아나운서들은 이러한 훈련이 몸에 배어 있다. 핵심을 간결히 요약해야 흐름이 살아나고, 시청자와 청취자의 이해도가 높아지기 때문이다.

"지금까지 말씀을 종합해보면 ○○, ○○으로 정리할 수 있겠습니다."

"그러니까 집안 사정 때문에 어쩔 수 없이 학업을 포기하신 거군요. 그렇다면 왜 다음 진로를 그렇게 정하셨는지를 시청자들은 궁금해할 것 같은데요?"

요약은 자연스러운 답변을 이끌어낼 뿐 아니라 대화의 수준을 한층 끌어올린다. 옆길로 새던 이야기를 다시 중심으로 모아주고 앞으로 나아갈 방향까지 제시해준다.

이러한 요약의 효과는 회의나 미팅에서도 그대로 나타난다. 말은 많이 오갔는데도 결론이 도출되지 않는다면 어떤 기분이 들까. '이 시간 동안 도대체 무엇을 논의한 걸까' 하는 허무함이 밀려들 것이다. 반면 누군가가 "오늘 이야기된 핵심은 세 가지입니다", "따라서 우리가 결정한 사항은 다음과 같습니다"와 같이 깔끔하게 정리해주면 불필요한 이야기가 줄어들고 회의를 효율적으로 진행할 수 있다. 참석자들의 집중력 또한 자연스럽게 되살아날 수 있다.

이처럼 요약은 단순히 말을 줄이는 행위가 아니라 흩어진 대화를 하나로 묶는 과정이다. 무엇이 중요한지 분명하게 보여주고 다음 단계로 어떤 결정을 내려야 하는지 방향을 제시한다. 그러므로 요약을 잘하는 사람은 자연스럽게 리더십을 갖춘 인물로 평가받게 된다. 대화를 정리해주는 능력이 곧 신뢰로 이어지는 것이다.

그렇다면 요약을 잘하려면 어떻게 해야 할까. 첫째, '핵심 문장 세 줄로 요약하기' 같은 연습을 꾸준히 하는 것이 좋다. 이러한 방법은 회의록을 쓸 때, 다른 사람의 이야기를 들을 때, 텍스트를 읽을 때 등 다양한 상황에서 언제든지 활용할 수 있다. 핵심은 "무엇이 본질인가?"라는 질문을 스스로에게 끊임없이 던지는 것이다.

둘째, '자신의 언어로 다시 표현하기'다. 흔히 '리프레이즈'(rephrase)라고 부르는 이 기술은 상대의 말을 다른 관점에서 재정리해 이해도를 높이는 데 도움을 준다. 단순히 단어만 교체하는 것이 아니라 핵심을 유지하면서 표현을 새롭게 구성하는 능력이라 할 수 있다.

셋째, 경청이다. 내가 만난 사람들 가운데 대화를 잘 풀어 가는 이들은 상대의 말을 끊지 않고 끝까지 들어준다는 공통점이 있었다. 이해가 가지 않는 일이 있을 때는 "제가 이해한 게 맞을까요?"라고 되묻기도 했다. 이는 단순한 확인이 아니라 상대의 의도와 감정에 공감해주는 과정이라고 할 수 있다.

상대의 말을 명쾌하게 요약할 수 있는 사람은 유능하다는 인상을 준다. 요약이란 상대를 존중하고 이해의 폭을 넓히는 일이다. 상대방의 말에 귀를 기울이고 그 말을 명확하게 정리해보자. 그 한마디가 상대의 마음을 열고 대화의 내용을 발전시켜 대화의 품격을 한층 더 높여 줄 것이다.

Point

요약은 생각을 구조화하고 대화의 흐름을 잡는 데 도움을 준다.

진솔한 소통을 이끄는
리액션

*

대화에서 빠질 수 없는 요소가 있다. 바로 리액션이다. 리액션이 자연스러우면 대화가 부드럽게 이어지지만 그렇지 않으면 흐름이 뚝뚝 끊긴다. 같은 이야기를 해도 어떤 때는 술술 이어지고 어떤 때는 쉽게 막히는 것은 바로 이런 이유에서다.

생각해보면 대화가 실타래처럼 술술 풀려나갔던 순간에는 항상 적절한 리액션이 함께했다. 실제로 우리는 방송에서 사회자가 출연자의 기를 살려주는 모습을 종종 볼 수 있다.

추임새 하나만으로도 말하는 사람은 신이 나서 이야기를 늘어놓고 마음속 깊은 생각까지 꺼내놓게 된다.

30년이 넘는 세월 동안 베테랑 방송인으로 활약해온 아나운서 Y. 그녀는 말을 잘하고 신뢰를 얻기 위해서는 먼저 마음을 열고 상대방의 이야기에 귀 기울여야 한다고 강조한다. 그녀가 묵묵히 고개를 끄덕이거나 "그랬군요" 같은 리액션으로 공감을 표현하면 출연자들은 더욱 진솔한 이야기들을 털어놓았다.

'인터뷰의 여왕'이라 불린 바버라 월터스 역시 리액션의 힘을 십분 활용한 인물이었다. 그녀는 철저한 사전 준비와 더불어 "정말 흥미롭네요", "조금 더 자세히 이야기해주세요" 같은 짧고 분명한 리액션으로 상대방의 답변을 자연스럽게 유도해냈다. 그녀는 대화 중간에 말을 가로막지 않고 상대방의 이야기를 끝까지 들어주었다. 상대방이 편안한 마음으로 대화에 임하도록 배려한 것이다.

좋은 리액션은 이처럼 상대의 마음을 활짝 열고 대화를

매끄럽게 만든다. 리액션은 그 자체로 "당신의 말을 제대로 듣고 있다"라는 방증이기 때문이다. 실제로 적절한 반응이 더해지면 대화는 자연스럽게 이어지고 분위기도 한층 부드러워진다.

가령 친구가 "어제 새로 나온 넷플릭스 드라마 봤는데 재밌더라"라고 말했을 때 "그랬구나" 하고 건성으로 대답하면 대화는 활력을 잃게 된다. 반면 "그거 요즘 인기 많다던데?", "진짜? 어떤 내용이야?" 하며 관심을 보인다면 이야기는 훨씬 심도 있게 이어진다.

또 동료가 "오늘 마감 때문에 정신없었어"라고 말했을 때 "그랬어?" 하고 무심히 넘기기보다는 "시간 맞추느라 많이 힘들었겠다", "숨 가쁜 시간이었겠네" 하고 말의 결을 맞춰주면 상대에게 큰 위안이 될 수 있다.

물론 세상에 좋은 리액션만 있는 건 아니다. 오히려 분위기를 어색하게 만들거나 원활한 소통을 방해하는 리액션도 있다. 그렇다면 피해야 할 리액션에는 어떤 것들이 있을까?

과도한 리액션

'과유불급'이란 말이 있듯 리액션도 지나치면 안 된다. 말이 끝나기 무섭게 "맞아, 맞아", "그래, 그래", "내 말이" 같은 추임새를 반복하면 말하는 이는 '저 사람이 정말 그렇게 생각하는 걸까?'라는 의구심을 품거나 피로감을 느낄 수 있다. 리액션은 그야말로 '추임새'일 뿐이다. 그러므로 용도에 맞게 적당히 넣어야 '대화의 맛'이 살아난다.

나를 중심에 두는 리액션

말끝마다 치고 나와 자기 말을 덧붙이는 '꼬끼오'(꼭 끼어) 형 리액션도 부적절한 리액션의 대표적인 사례다. 이런 리액션을 사용하는 사람은 겉으로는 공감을 표하면서도 곧바로 대화의 초점을 자신에게 돌려버리곤 한다.

A: 지난주에 산 주식 10% 올랐어. 기분 너무 좋다!

B: 나는 20% 올랐는데… 역시 일찍 사두길 정말 잘했다니까.

A: 이번 주는 정말 바쁜 일이 많았어.

B: 말도 마, 나도 정말 힘들었어. 일만 하다 하루가 끝나는
것 같아.

미국의 저명한 사회학자 찰스 더버는 이러한 대화 방식을 '대화 나르시시즘'이라 정의했다. 관심의 초점을 끊임없이 자신에게 돌리는 것이다.

좋은 리액션은 대화의 초점을 상대에게 맞추고 캐치볼을 하듯 자연스럽게 이루어져야 한다. 상대방의 이야기에 자신의 이야기를 덧붙이는 것을 공감이라 착각할 수 있지만, 이는 자칫 상대를 대화의 중심에서 벗어나게 할 위험이 있다.

영혼 없는 리액션

최악의 리액션은 '영혼 없는' 리액션이다. 이러한 반응을

보이는 사람들은 대개 눈조차 제대로 마주치지 않으며 자동 응답기처럼 뻔한 대답만 반복한다. 대화에 집중하지 않는 듯한 인상을 주면 그 어떤 말도 진심으로 느껴지지 않는다.

좋은 리액션의 핵심은 존중과 경청이다. "네, 그렇군요", "그럴 수도 있겠네요"라고 맞장구를 치며 고개를 끄덕이는 일, 호기심 가득한 눈으로 바라보거나 손을 가볍게 잡아주는 일, 이 모든 행동이 상대의 마음을 움직이는 공감의 표현이다. 이러한 리액션을 적절하게 활용할 수 있다면 당신은 이미 뛰어난 소통 능력을 갖춘 사람이다.

Point ――――――――――――――――――――――

좋은 리액션은 상대의 마음을 헤아리는 것에서부터 출발한다.

마음을 사로잡는
유머의 힘

몇 년 전 한국아나운서클럽에서 이계진 회장이 동료 아나운서에게 이지연 선배의 연락처를 물어본 일이 있었다. 부탁을 받은 동료는 곧 알려주겠다고 했지만 깜빡 잊고 한참 후에 답변을 보냈다. 그는 어쩔 줄 몰라하며 말했다.

"아차! 이거 죄송해서 어쩌죠? 제가 그만 깜빡 말씀을 못 드렸네요."

“괜찮습니다. 이름이 지연이라 답변이 지연된 것 같군요!”

이 한마디로 분위기는 순식간에 반전되었다. 만약 이계진 아나운서가 왜 이렇게 답변이 늦었냐며 핀잔을 주거나 아쉬움을 드러냈다면 어떻게 되었을까? 아마 분위기는 썰렁해졌을 것이다. 하지만 그는 재치 있는 말 한마디로 민망했을 동료의 심정을 헤아려주었고 현장의 분위기를 훈훈하게 만들었다.

유머는 일상에서 흔히 접할 수 있는 대화 방식이다. 난처한 순간에도 웃음을 자아내고 기분을 전환해주며, 공감과 소통으로 관계를 넓고 깊게 만들어준다. 여성들이 배우자를 선택하는 기준으로 ‘유머러스한 남자’를 자주 언급하는 것을 보면 유머가 인간관계에 얼마나 중요한 역할을 하는지 가늠해볼 수 있다.

유머는 특히 사회생활에 큰 도움이 된다. 불필요한 갈등을 줄이고 상대방과의 심리적 거리를 좁혀 부드러운 분위기를 조성하기 때문이다. 실제로 삼성경제연구소의 조사에 따르면 CEO의 77%가 유머 감각이 뛰어난 사람을 우선 채용하겠다고 했다. 함께 일할 수 있는 분위기를 만드는 능력을 높이 평가한 것이다.

나는 기업 강연을 할 때 직원들의 분위기를 유심히 살펴본다. 어떤 직원들은 밝게 웃으며 강의에 몰입하는 반면, 어떤 직원들은 무뚝뚝한 표정으로 일관한다. 마지못해 끌려온 듯한 얼굴을 한 사람도 있다. 나는 그럴 때마다 직감적으로 '아, 이 조직은 크게 성장하기는 어렵겠구나'라고 생각했고 실제로 그러한 경우가 많았다. 그렇다면 유머는 우리 일상에 어떤 변화를 가져다줄까?

몸과 마음을 건강하게 한다

영국의 심리학자 로버트 홀든은 1분 동안 크게 소리 내어 웃는 것이 10분간 조깅을 하는 것과 같은 효과가 있다고 했다. 웃음이 근육을 이완시키고 혈액 순환을 촉진시켜 엔도르핀을 증가시킨다는 것이다.

또한 웃음은 코르티솔, 아드레날린, 노르아드레날린 같은 스트레스 호르몬 분비를 줄여 면역력을 높이고 분노, 불안, 공포와 같은 부정적인 감정을 완화하는 데 도움을 준다. 마음이 안정되면 판단력이 높아지고 일상에서 마주하는 다양한 위기에도 효과적으로 대처할 수 있게 된다. 유머와 웃음은 몸과 마음을 건강하게 만드는 특효약이다.

의사소통에 윤활유 역할을 한다

유머는 사람들 사이의 긴장감을 해소하는 '아이스 브레이킹'에 매우 효과적이다. 예를 들어 국제회의나 워크숍에서 가벼운 유머로 서두를 열면 어색함을 해소하고 참석자들의 적극적인 참여를 이끌어낼 수 있다. 또 직장에 새로운 팀원이 합류했을 때 재치 있는 인사나 상황에 어울리는 농담을 곁들이면 금세 편안한 분위기를 만들어낼 수 있다. 이처럼 유머는 단순히 웃음을 주는 것을 넘어 따뜻한 의사소통의 출발점이 된다.

인간관계에 긍정적인 영향을 미친다

유머는 인간관계를 긍정적으로 발전시키는 데 중요한 역할을 한다. '웃는 얼굴에 침 뱉으랴'라는 속담처럼, 유머러스한 표현은 상대에게 호감을 불러일으키고 긴장을 완화하는 데 큰 도움을 준다.

특히 갈등 상황이나 지나치게 엄숙한 분위기 속에서 건네는 센스 있는 말 한마디는 분위기를 전환하고 상대방의 입장을 이해할 여지를 마련해준다. 이처럼 유머는 인간관계를 부드럽게 하고 지속 가능한 관계를 만들어내는 중요한 소통 방식이다.

물론 유머는 상황과 사람, 혹은 문화에 따라 다르게 인식될 수 있으므로 맥락에 맞게 사용해야 한다. 간혹 웃음을 자아내야 한다는 강박으로 상대의 외모나 콤플렉스를 소재로 삼는 경우가 있는데, 그야말로 최악의 유머라 할 수 있다. 분위기를 파악하지 못하고 엉뚱한 농담을 던지는 것 역시 역효

과를 불러온다. 일상 속에서 유머를 활용하고 싶다면 다음 방법들을 참고해보자.

- 유머에 익숙해지기: 스탠드업 코미디나 예능 프로그램 등을 참고해보자. 타이밍, 반전, 말장난을 눈여겨보면 유머 감각을 기르는 데 도움이 된다.
- 상대방과 공감하기: 유머의 기본은 공감이다. 상대방을 웃기기보다는 함께 웃으려는 자세가 더욱 중요하다. 가벼

운 자조나 일상 속 실수담을 공유하면 부담 없이 웃음을
유도할 수 있다.

■ 억지로 웃기려 하지 않기: 유머는 분위기와 흐름이 생명
이다. 무리한 농담은 오히려 분위기를 깰 수 있다. 웃기지
않아도 편안한 사람이 더욱 유쾌하게 느껴진다는 사실을
기억하자.

말은 한 사람의 인품을 나타내고 인간관계를 좌우한다.
아무리 뛰어난 달변가라도 웃음이 없다면 상대의 마음을 쉽
게 움직일 수 없다. 상대를 매료시키는 유머의 힘! 요즘처럼
웃음이 사라진 각박한 시대에 반드시 필요하고 소중한 가치
가 아닐까.

Point —————————————————————————

유머는 일을 유쾌하게, 인간관계를 즐겁게 만드는 최고의 행복학이다.

마음을 움직이는
스토리텔링 대화법

어느 장소에서나 사람들의 관심을 한 몸에 받는 입담 좋은 사람들이 있다. 이들은 자신의 성공담에서 연애 이야기, 심지어 남들이 잘 모르는 분야까지 맛깔스럽게 풀어내며 듣는 이들을 이야기 속으로 끌어들인다. 잠깐의 발언만으로 분위기를 주도하고 대화의 중심에 서는 것이다.

이처럼 말하고자 하는 내용을 재미있고 실감나게 전달하는 기법을 '스토리텔링'이라고 부른다. 선사 시대 사람들이 사냥 과정을 동굴 벽화로 남긴 것처럼, 인간은 오랜 세월 커뮤니케이션의 주요 수단으로 이야기를 사용해왔다. 오늘날에도 스토리텔링은 여전히 강력한 소통의 도구로서 사람들의 마음을 움직이고 있다.

가끔 방문하는 유튜브 채널이 있다. 이 채널에서는 파란만장한 삶을 살아왔거나, 고난을 극복했거나, 뜻밖의 삶을 살아가게 된 인물들이 출연해 자신이 겪은 일을 들려준다. 유명 연예인부터 평범한 사람들까지 출연진도 다양하다. 그들의 이야기를 듣다 보면 나도 모르게 넋을 놓고 몰입하게 된다.

한번은 탈북민이 한국에 오기까지의 과정을 소개한 적이 있었다. 그는 중간중간 만난 사람들의 목소리와 사투리까지 흉내 내며 지난 몇 달간 겪었던 역경을 생생하게 풀어냈다. 그의 말을 듣고 있으니 마치 바로 옆에서 그 여정을 함께한 듯한 기분이 들었다. MC와 패널들도 눈시울을 붉히며 그의 이야기에 빠져들었다.

자신의 경험을 공유하면 이처럼 사람들의 호응을 얻고 훈훈한 분위기를 이끌어내는 데 도움이 된다. 우리에게는 타인이 겪은 좌절과 성공, 인생 이야기에 공감하는 능력이 있기 때문이다.

세계에서 가장 많이 팔린 책 가운데 하나인 『해리포터』 시리즈의 저자 조앤 K. 롤링은 이야기로 많은 사람들의 마음을 움직였다. 그녀는 2008년 하버드대학교 졸업식 연설에서 불우했던 과거를 고백하며 실패와 상상력의 중요성을 강조했다. 따뜻하면서도 진심 어린 그녀의 이야기는 졸업식장을 가득 메운 사람들을 감동시키기에 충분했다.

"제 삶은 누가 보더라도 실패한 삶이었습니다. 결혼 생활은 파탄에 이르렀고, 변변한 직장도 없이 자식을 길러야 했죠. 노숙만 안 했다 뿐이지 영국에서 가장 가난한 사람이었습니다. 부모님과 저의 두려움이 모두 현실이 되어 삶을 망가뜨렸죠.

하지만 저는 여전히 살아 있었고, 사랑하는 딸이 곁에 있었습니다. 낡은 타자기 한 대와 원대한 꿈도 있었고요. 저는 추락할 때 마주했던 그 딱딱한 바닥을 주춧돌 삼아 제 삶을 다시 한번 튼실하게 일으켜 세울 수 있었습니다."

롤링이 연설을 마치자 청중은 뜨거운 박수로 화답했다. 사회 진출을 앞둔 졸업생들에게 그녀의 이야기는 무엇보다 값진 귀감이 되었을 것이다.

스토리텔링은 광고니 미게딩 분아에서도 중요한 커뮤니케이션 수단으로 사용된다. 단순히 정보만 전달하는 것보다 상품에 담긴 배경을 설명하거나 소비자의 경험을 이야기로 풀어 전달하는 것이 더욱 흥미를 유발하고 기억에 오래 남기 때문이다.

실제로 샌프란시스코대학의 연구 결과에 따르면 스토리텔링은 단순한 정보 전달에 비해 22배나 더 높은 기억 효과를 보이며 뇌의 더 많은 영역을 활성화하는 것으로 밝혀졌다. 따라서 브랜드에 어떤 스토리를 담는가는 소비자에게 제품과 서비스를 성공적으로 각인시키는 핵심 수단이라 할 수 있다.

1991년 가을, 초강력 태풍이 일본 아오모리 현을 휩쓸고 지나갔다. 대부분의 농장은 낙과(落果)들로 쑥대밭이 되었다. 수확을 목전에 둔 시기였기에 마을 사람들의 상실감은 더욱 클 수밖에 없었다.

이때 한 농부가 나무에 매달려 있는 사과를 보고 기발한 아이디어를 떠올렸다. 엄청난 역경 속에서도 '떨어지지 않은' 사과가 수험생들에게 합격을 가져다줄 거라는 생각이었다. 그는 사과에 '합격'이라는 이름을 붙여 팔자고 제안했고, 개당 100엔에 거래되던 아오모리 사과는 1,000엔이라는 비싼 가격에도 불티나게 팔려나갔다. 판매액도 평년 대비 무려 30%나 증가했다. 이후 '합격 사과'는 아오모리를 대표하는 브랜드로 자리매김하게 되었다.

같은 옷도 어떻게 연출하느냐에 따라 스타일이 달라지듯,

같은 내용도 스토리텔링으로 전달하면 호소력이 더해지고 흥미롭게 들린다. 직설적인 메시지에 따른 거부감도 크게 완화할 수 있다. 이야기로 상대의 마음을 열고 공감을 이끌어내는 힘. 스토리텔링은 말하는 사람의 매력을 한층 높여주는 자기 연출법이다.

Point

스토리텔링을 할 때는 누가 무엇을 어떻게 왜 했는지 구체적으로 설명하라.

비유법으로
말하라

　　왜 어떤 사람의 말은 금세 이해되고, 어떤 사람의 말은 유난히 지루하게 느껴질까? 그 차이는 표현 방식에 있다. 같은 내용을 전하더라도 어떤 사람은 추상적으로 설명하고, 어떤 사람은 구체적인 예나 비유로 풀어낸다. 어려운 이야기를 상대의 눈높이에 맞춰 그려내면 메시지는 훨씬 쉽게 전달되고, 듣는 사람의 마음속에 오래 남는다.

　　문학평론가이자 학자, 저술가로 우리 시대에 큰 발자취를 남긴 이어령 교수. 그는 박학다식할 뿐 아니라 복잡한 이야기를 간단하게 풀어내는 화법으로 유명했다. 그는 강연과 인터뷰에서 일상 속 비유를 끌어들여 청중과 독자의 몰입을 이끌어냈다.

"인류의 역사와 인간의 삶을 종착점 없는 마라톤에 비유한다면 새 천년은 새로운 코스가 시작됨을 알리는 것입니다."

"인간 역시 양파껍질을 벗기듯 들여다볼수록 새로운 모습이 드러나는 존재입니다."

이처럼 상대방의 눈높이에 맞추어 인용과 비유를 적절히 활용할 줄 아는 사람은 말의 핵심을 정확하게 짚어낼 뿐 아니라 대화의 분위기마저 부드럽게 만든다. 회의나 발표 자리에서 적절한 예시나 속담을 곁들이면 세련된 인상을 주고 친근한 여운을 남길 수 있다. 정상회담이나 국제회의에서 지도자들이 상대 국가의 속담을 인용하는 것도 같은 맥락이다. 이는 곧 '당신들의 문화와 정서를 이해하고 있다'라는 공감의 메시지다.

 ● 사람의 마음을 여는 대화의 기술

비유의 힘은 예로부터 크게 강조되어 왔다. 예수는 '씨 뿌리는 사람'이나 '잃어버린 양'처럼 일상에서 쉽게 접할 수 있는 비유로 믿음과 사랑을 설파했고, 석가모니는 거품처럼 사라지는 것들, 불타는 집의 이미지에 인생을 빗대어 집착의 허망함과 어리석음을 일깨웠다. 고대 그리스의 작가 이솝 역시 인간의 탐욕과 교만, 지혜의 가치를 우화의 형식으로 그려낸 바 있다.

생각해보면 우리도 비유를 일상적으로 사용한다. "천천히 걸었다"라고 하기보다 "거북이처럼 엉금엉금 걸었다"라고 하면 모습이 훨씬 생생해지고, "숨이 가쁘다"라고 하기보다 "땡볕에 헐떡이는 개 같다"라고 하면 상황이 단번에 그려진다. 비유는 이처럼 말에 생기를 불어넣는다.

다만 상대의 마음을 고려하지 않은 비유는 상처가 될 수 있다. 가령 모처럼 올블랙으로 차려입고 나온 친구에게 "어머, 무슨 장례식장 가니?"라고 하면 순간 상대의 기분에 찬물을 끼얹어 관계가 금세 얼어붙을 수 있다. 반대로 "오늘 미소가 꽃처럼 화사하네. 덕분에 사무실이 훨씬 밝아졌어"라고 말하면 분위기는 한층 부드러워진다. 비유에도 수위 조절이 필요한 이유다. 평소 책을 많이 읽고 다양한 경험을 쌓은 사람은 상황에 맞는 표현을 능숙하게 골라 쓴다. 잘 정돈된 서가에서 필요한 책을 꺼내듯 적절한 인용과 비유를 자연스럽게 활용한다.

그렇다. 비유는 나무를 가꾸는 일과 같다. 물과 비료가 적당하면 나무가 건강하게 자라지만, 부족하면 시들고 과하면 생명력을 잃는다. 비유가 억지스럽거나 과하면 듣는 이는 공감하기 어렵다. 그러므로 상대의 이해도와 상황을 헤아려 말의 온도와 수위를 조절하라. 그럴 때에야 비로소 적재적소의 말하기가 완성된다.

Point

평소 좋은 글이나 사례를 많이 접하고 정리하며 지혜의 보고를 쌓아라.

사람의 마음을 사로잡는
예스의 힘

지난해 시무식을 앞두고 한 직원에게 급하게 노래를 부탁한 적이 있었다. 여러 사람 앞에서 노래를 부르는 것이 쉬운 일은 아닐 듯해 한편으로는 '거절한다 해도 받아들일 수밖에 없지'라고 생각했다. 그런데 그녀의 입에서 뜻밖의 대답이 돌아왔다.

"네, 한번 해보겠습니다!"

그녀의 활기찬 목소리에 나도 모르게 기분 좋은 미소가 지어졌다. 불편할 수 있는 요청에 흔쾌히 호응해준 마음이 참 예뻐보였다. 시무식은 화기애애한 분위기 속에서 성공적으로 마무리되었고, 나는 그녀를 위해 특별히 성의 있는 선물을 준비해 갔다. 그녀의 긍정적이고 적극적인 에너지는 다른 직원들에게 좋은 동기부여가 되었고 훈훈한 사내 분위기를 만드는 데 큰 힘이 되었다.

대화가 이어질 때와 단절될 때를 비교해보면 분명 시작부터 그럴 만한 이유가 있다. 그 갈림길을 결정하는 첫 단추가 바로 '예스'(Yes)와 '노'(No)다. 상대방의 이야기에 "예"라고 답변하면 일단 '수용해볼 여지가 있다', '고려하겠다'라는 긍정적 신호를 줄 수 있고, 대화는 한결 부드러운 분위기 속에서 이어지게 된다.

반면 처음부터 "아니오", "글쎄요"라고 대답해버리면 말문이 막혀 대화가 순조롭게 진행되기 어렵다. 간혹 책임지지 못할 일이나 확신 없는 일을 하기 싫어 명확하게 답변한다는 사람도 있지만, 이는 자칫 부정적인 이미지를 주거나 융통성 없게 보일 수 있다.

특히 조직에서 '예스'와 '노'가 가져오는 차이의 반향은 매우 크다. 실제 실행 여부나 실천력의 유무와는 상관없이 첫 답변만으로 그 사람의 태도가 평가되기 때문이다. 무작정 '예스맨'이 되라는 뜻은 아니지만 "글쎄요", "어려울 것 같은데요"처럼 처음부터 부정적인 뉘앙스를 풍기는 이들은 추후 태도를 바꾸더라도 비난을 받거나 노력의 가치를 인정받지 못할 가능성이 높다.

인간관계에서는 말의 내용보다 말의 온도가 더욱 큰 영향을 미친다. 그러므로 자신의 생각과 반대되거나 당장 실행하기 어려운 요청을 마주하더라도 얼굴에 곧바로 불편함을 드러내거나 "노"라고 말하기보다는 먼저 "네, 알겠습니다"로 대화를 열고 자신의 생각을 차분히 설명해보자. 이는 상사에 대한 존중을 보이면서도 문제 해결에 대한 책임감과 적극성을 드러내는 해결책이 될 수 있다.

일상에서도 "예스"는 곤란한 상황을 지혜롭게 풀어주는 묘약이 된다. 가까운 관계, 특히 부부 사이에는 사소한 일로 말다툼을 하거나 상대의 기분을 상하게 하는 일이 가끔 일어난다. 서로에게 과도한 요구를 하거나 알아서 해주겠거니 기대하다가 서운함을 느끼는 것이다.

나 또한 결혼 생활 중 뜻하지 않게 감정이 상한 경험이 있었다. 처음에는 섭섭함이 컸지만 그러한 일이 몇 번 반복되고 나니 나름대로 요령을 터득할 수 있었다. 먼저 남편의 마음을 헤아려 "오케이" 하고 웃으며 넘긴 뒤 상황이 진정되면 차분히 그때의 감정을 설명했다. 마음이 열린 남편은 내 이야기를 세심하게 들어주었고, 때로는 환한 미소로 사과의 말을 건네왔다.

"그럴 수도 있었겠네."
"아까는 내가 좀 흥분했던 것 같아. 미안해."

이솝우화 「해와 바람」에서 온화한 햇볕이 나그네의 옷을 벗겼듯이, "예스"라는 말 한마디는 상대의 마음을 누그러뜨리고 말하는 이를 밝고 매력 있는 사람으로 보이게 한다.

이처럼 긍정적인 말은 우리를 성장시키고 단절된 삶에서 함께하는 삶으로 나아가게 한다. '노'에서 '예스'로 방향을 바꾸면 막다른 골목이라고 생각되던 곳에서 새로운 길이 발견될 수 있다. 어쩌면 길이 없는 것이 아니라 부정적인 마음으로 꽉 찬 우리 마음이 문제였을 수 있다. 말과 생각이 쌓이면 습관이 된다. 그 습관은 당신을 더 나은 미래로 이끌어줄 것이다.

Point

대화에 빨간불을 켤 것인가, 파란불을 켤 것인가? 선택은 당신의 몫이다.

스마트폰 시대
센스 있는 메시지 대화법

스마트폰이 대중화되면서 우리의 소통 방식은 크게 달라졌다. 이메일, 회의록, 화상 회의까지 휴대폰 하나로 해결할 수 있게 되었고, 카카오톡이나 SNS로 실시간 대화를 나누는 것이 일상화되었다.

하지만 편리함만큼 주의할 점도 많아졌다. 비대면 소통이 늘면서 오해가 생기기 쉬워졌고, 빠른 답변을 요구하는 분위기 속에서 피로감을 느끼는 사람들이 많아진 것이다. 이러한 상황에서 상대를 배려하는 센스 있는 메시지 대화법을 익혀

둔다면 상대의 마음을 열고 어디서든 환영받는 사람이 될 수 있다.

비언어적 표현이 부족하면 오해를 부른다

문자는 표정과 제스처를 전달할 수 없기 때문에 뉘앙스가 쉽게 왜곡될 수 있다. 다음 두 사례를 비교해보자.

A: 오늘 저녁에 시간 돼?

B: 응.

A: 오늘 저녁에 시간 돼?

B: 응. 몇 시쯤 볼까?

두 답변 중 어느 쪽이 듣기 좋게 느껴지는가? 아마 두 번째 답변이 훨씬 부드럽게 느껴질 것이다. 이처럼 간단한 한 마디를 덧붙이는 것만으로도 인상이 달라질 수 있다.

이모티콘을 사용할 때도 마찬가지다. 상황에 맞지 않거나 의미가 불분명한 이모티콘은 의도치 않게 상대방의 오해를 살 수 있다.

실제로 예전에 한 지인에게 숨을 헐떡이는 이모티콘을 보냈다가 상대가 크게 오해하는 바람에 서로 얼굴을 붉히게 된 적이 있었다. 원래는 피곤함을 재미있게 표현하려는 의도였지만 상대는 이를 강한 불쾌감으로 받아들인 것이다. 비대면 상황에서 감정을 효과적으로 전달하려면 다음과 같은 방법들을 기억해두자.

- 감정적인 대화는 전화나 만남으로 대신하기
- 오해를 부를 만한 표현에는 간단한 설명 덧붙이기
- 이모티콘은 신중하게 사용하기
- 직설적 표현보다는 부드러운 표현 사용하기
- 상대의 감정에 확신이 서지 않을 때는 추측 대신 직접 확인하기

단체 대화방 메시지 예절

단체 대화방에서도 지켜야 할 예절이 있다. 나 또한 다양한 모임에 소속되어 있다 보니 단톡방에 홍보글을 올리는 사람, 매일 일기처럼 일상을 공유하는 사람, 의견 충돌로 언성이 높아지는 이들을 종종 보게 된다. 단체 방은 개인적인 공간이 아니라 여러 사람이 함께 이용하는 공간이므로 다음과 같은 예절을 지킬 필요가 있다.

- 늦은 밤이나 새벽에는 메시지 자제하기
- 모임의 목적에 맞는 내용만 공유하기
- 불필요한 농담이나 공격적 표현 피하기
- 답변이 필요한 메시지는 가급적 빨리 응답하기
- 사실 확인이 되지 않은 정보는 함부로 공유하지 않기
- 동영상이나 사진을 과하게 공유하여 데이터 부담을 주지 않기

상대방을 배려하는 메시지 습관

핵심은 상대방에 대한 배려다. 짧은 문자라도 인사말로 시작하면 분위기가 한층 부드러워지고, 중요한 내용을 보낼 때는 관련 맥락을 함께 설명하면 더욱 자연스럽게 소통할 수 있다. 상대방의 답장 속도나 메시지의 분량도 고려할 필요가 있다. 긴 메시지를 받았다면 똑같이 길게 답장하는 편이 좋고, 분량이 많을 경우 문단을 나누어 가독성을 높여야 한다. 의례적인 인사말을 보낼 때는 상황에 어울리는 멘트를 더하면 센스 있는 인상을 줄 수 있다.

- 환영합니다. 봄의 두 번째 절기 우수(雨水)에 봄의 전령사처럼 오셨네요. (봄에 부임한 기관장에게 환영 인사를 드리는 상황)
- 새해에는 붉은 말의 기운처럼 뜨거운 열정과 에너지를 가득 담으시길 바랍니다^^ (새해 인사를 하는 상황)

그밖에도 맞춤법과 띄어쓰기를 신경 쓰는 것 역시 중요하다. 가끔 학식이 높은 사람이나 아나운서, 방송인들도 오타와 비문이 가득한 메시지를 보내오곤 하는데, 이런 메시지를 받고나면 그동안 쌓였던 긍정적 이미지를 다시 생각해보게 된다.

좋은 대화의 핵심은 배려와 존중이다. 문자 메시지 한 줄에도 정성과 마음을 담아보자. 그것이야말로 센스 있는 소통의 출발점이다.

유능하게 보이는
대화의 기술

따뜻한 말
품격 있는 말

"당신의 언어 온도는 몇 도쯤 될까요?"

몇 년 전 큰 인기를 끌었던 베스트셀러가 던진 질문이다. 언어에도 온도가 있다는 말, 참으로 새롭고 공감이 가는 말이다.

언어는 우리의 마음을 보여준다. 부드럽고 다정한 말 한마디는 사람들에게 선한 영향력을 미친다. 힘들고 지쳐 있을 때 나지막이 불러주는 이름, 잔잔하게 건네는 부드러운 말 한마디는 큰 위로와 격려가 된다. 말투에 묻어난 온화함 덕분에 듣는 이의 마음 또한 편안해져 자연스럽게 대화를 지속하게 된다.

반면 아무리 좋은 말도 차갑고 무뚝뚝하게 말하면 마음에 닿지 않는다. 같은 상황도 어떻게 말하느냐에 따라 다르게 느껴질 수 있다. 가령 동료가 큰 실수를 저지른 뒤 풀이 죽어 사무실에 돌아왔다고 가정해보자. 따뜻한 표현을 구사할 줄 알고 훈련된 당신은 이렇게 말할 것이다.

"어머, 그런 일이 있었군요. 정말 힘들었겠네요. 나가서 커피라도 한잔 할래요? 바람이라도 쐬고 오면 기분이 훨씬 나아질 거예요."

애정 어린 말 한마디는 심리적으로 위축된 사람의 마음을 풀어준다. 진심으로 자신을 이해해주는 사람이 있다는 생각에 기분도 한결 누그러질 것이다. 하지만 누군가는 이런 말을 던질 수도 있다.

"아니, 뭐 겨우 그런 일 가지고 그래요? 사회생활 하루이틀 하는 것도 아니고. 엄살 부리지 말아요."

무심코 뱉은 퉁명스러운 말은 안 그래도 의기소침해 있는 동료의 마음에 상처를 줄 수 있다. '내가 정말 별것도 아닌 일에 엄살 떨었던 걸까?'라는 생각에 자존감마저 낮아질지 모른다.

요즘은 예전에 비해 솔직하고 자신감 넘치는 표현들이 오히려 긍정적으로 평가되는 시대인 듯하다. "팩폭"(팩트로 폭행한다), "사이다 발언"(사이다처럼 속 시원한 발언) 같은 표현이 일상적으로 쓰이는 것만 보더라도 몇 년 전과는 확연히 달라진 언어 트렌드를 확인할 수 있다.

하지만 때로는 지나친 솔직함이 도를 넘는다는 인상을 받기도 한다. 솔직함과 무례함은 서로 다른 것인데도 말이다. 말로 상처를 주는 사람들은 대체로 상대의 감정을 존중하지 않는다는 특징이 있다. 생각나는 대로 표현하거나 오로지 자신의 입장을 드러내는 데만 관심이 있을 뿐이다. 그들이 하는 말은 거의 이런 식이다.

"난 할 말은 해야 하는 타입이라서."
"뭐 그런 걸 가지고 기분 나빠하고 그래? 사실 틀린 말도 아니잖아?"

듣는 사람을 고려하지 않은 거친 말투는 상대의 기분을 상하게 하고 말하는 사람에 대한 인상이나 인격을 달라 보이게 한다.

자신이 습관적으로 비속어를 쓰고 있는지도 점검해보아야 한다. 비속어는 화자의 매력을 반감시키는 대표적인 행위이기 때문이다.

얼마 전 길을 걷다가 한 여성이 산뜻한 발걸음으로 걸어가는 모습을 보았다. 경쾌한 걸음걸이와 사랑스러운 뒷모습에 나도 모르게 슬며시 미소가 지어졌다. 그런데 바로 그 순간, 그녀의 입에서 뜻밖의 거친 말이 튀어나왔다.

"아휴, 여기 사람 개많네 진짜!"

갑자기 찬물을 확 뒤집어쓴 느낌이었다. 실망감이 파도처럼 밀려왔다. 조금 전까지 상쾌했던 기분도 와르르 무너지고 말았다. 옆으로 지나가며 슬쩍 얼굴을 올려다보니 어딘가 불만이 가득한 표정이었다. 처음 상상했던 모습처럼 미소를 띤 얼굴로 부드럽게 말을 했다면 얼마나 좋았을까.

요즘은 고객 센터에 전화를 걸면 "우리 모두는 누군가의 소중한 가족입니다", "폭언이나 욕설 시 상담이 종료될 수 있습니다" 같은 안내 멘트를 들을 수 있다. 이는 보이지 않는다는 이유로 상대에게 험한 말을 쏟아내는 사람이 그만큼 많다는 현실을 보여준다.

험한 말은 상대를 불쾌하게 할 뿐 아니라 말하는 사람의 품격마저 깎아내린다. 어쩌면 지금 우리에게 필요한 건 말에 담긴 온기일지 모른다.

결국 언어의 온도란 타인을 대하는 태도의 온도다. 배려하는 마음으로 부드럽고 따뜻한 표현을 계속 건네보자. 그 친절함이 관계를 단단하게 만들고 당신을 품격 있는 사람으로 만들어줄 것이다.

말투 하나만 달라져도 인상이 크게 바뀐다. 말투는 당신의 품격이다.

대화 전에
준비해야 하는 것들

　　왜 어떤 만남은 즐겁고 오래 기억되는 반면 어떤 만남은 금세 희미해질까? 그 차이는 대개 '사전 준비'에 달려 있다. 별다른 생각 없이 "그냥 오랜만에 얼굴이나 봐야지"라는 기분으로 나가면 만남이 큰 의미 없이 흘러가기 쉽다. 그저 가벼운 수다 떨기로 모처럼 스트레스를 풀었다는 착각 속에 돌아오는 경우도 많다.

　　회의나 모임도 다르지 않다. 무난한 분위기 속에 마무리는 되었지만 정작 자신의 존재감조차 희미하게 느껴질 때가 있다. 그러고 보면 불과 한 시간 정도의 짧은 만남이라도 준비에서 마무리까지 이어지는 하나의 과정임을 깨닫게 된다.

그렇다면 성공적인 대화를 위해 우리는 무엇을, 어떻게 준비해야 할까? 먼저 대화의 목적과 상대방의 성향을 파악해야 한다. 개인적인 만남이라면 상대의 근황을 가볍게 떠올려보고, 처음 만나는 사람이라면 공통점이나 최근 행보를 미리 알아가는 것이 좋다.

나 또한 국제대회 대변인으로 취재진을 상대할 때 이러한 방식을 활용해왔다. 사전에 행사 관련 기사를 살펴본 후 "P 기자님, 이번 특집 기사 잘 읽었습니다" 하고 읽은 내용을 살짝 언급해주면 기자들은 경직된 표정을 풀고 금세 친화적인 태도를 보이곤 했다.

만약 상대방의 특성을 알고 있다면 그에 어울리는 장소를 택하는 것만으로도 만남의 온도가 달라질 수 있다. 예를 들어 감성이 풍부한 사람이라면 '나만의 아지트'처럼 각별한 이야기가 녹아 있는 공간을 선택하는 것이 좋다. 개인적 경험이나 이야기가 대화를 더욱 편안하게 만들어주기 때문이다. 또한 시간을 중요하게 여기는 사람과의 만남이라면 동선을 고려해 지하철역 근처나 주차가 편리한 장소를 선택하는 것이 바람직하다. "이 사람 정말 세심하네"라는 인상을 주는 순간, 대화의 절반은 이미 성공한 셈이다.

회의나 미팅, 인터뷰 같은 공식적인 상황에서는 더욱 철저한 준비가 필요하다. 질문할 내용과 자료를 충분히 준비해두면 예상치 못한 답변과 흐름에도 유연하게 대응할 수 있기 때문이다.

SBS 라디오 〈밤이 흐르는 곳에〉를 진행하던 시절, 가수 박진영 씨(현 JYP엔터테인먼트 대표 프로듀서)가 고정 게스트로 출연한 적이 있었다. 처음에는 큰 주제만 정해놓고 즉흥적으로 대화를 이어갔지만 그러한 방식은 곧 한계에 부딪히고 말았다. 이야기가 엉뚱한 방향으로 흘러가거나 특유의 수위 높은 발언에 진땀을 빼기도 했던 것이다.

이후 나는 박진영 씨가 출연했던 영상을 꼼꼼히 살펴보며 그의 말투와 언어 습관을 세심히 분석했다. 그러자 점차 대화의 흐름이 잡히기 시작했고, 주제를 잠시 벗어나더라도 자연스럽게 원래 이야기로 되돌아올 수 있었다. 프로그램도 회를 거듭할수록 안정적으로 진행되었다. 상대에 대한 이해와 준비는 이처럼 좋은 대화의 출발점이 된다.

마지막으로 대화 전에 충분한 마음의 준비를 해두는 것이 좋다. 현장에 먼저 도착해 분위기를 파악하는 것은 미디어

종사자라면 누구나 기본으로 삼는 태도다. 하지만 이는 직업과 관계없이 누구에게나 필요한 자세이며 대화의 질을 결정짓는 핵심 요소다. 시간에 쫓기게 되면 마음이 조급해지고 준비했던 말을 쉽게 놓칠 수 있기 때문이다. 반대로 일찍 도착해 주변 분위기에 익숙해지면 훨씬 더 여유 있고 자신감 있게 대화를 이어갈 수 있다.

결국 훌륭한 대화란 '만남'이라는 그릇에 진심과 성의를 담아내는 일이다. 누군가와의 만남을 앞두고 있다면 어떤 화제로 대화를 나눌지, 무슨 말을 할지 미리 정리하고 마음을 차분히 가다듬어보자. 준비된 대화가 의미 있는 교류를 이끌어내고 오래도록 마음에 남는 관계를 만들어낼 것이다.

Point ━━━━━━━━━━━━━━━━━━━━━━━━━━━

좋은 대화는 무엇을 어떻게 담을지에 대한 고민에서 시작된다.

핵심만
콕 집어 말하는 대화법

"삼성이 위기입니다."

한 대학의 소프트웨어학과 교수가 한국 기술 산업의 가치와 미래 전략을 논의하는 프로그램에 출연해 던진 화두다. 시청자 입장에서는 '미국 대통령도 삼성 공장부터 돌아보는데 무슨 뚱딴지같은 소리야?'라는 생각이 들 만큼 뜬금없는 발언이었다. 그는 아랑곳하지 않고 자신이 알고 있는 배경지식을 구구절절 늘어놓기 시작했다. 당황한 진행자가 다소 긴장한 듯한 목소리로 말했다.

"교수님, 말씀 잘 들었습니다. 그런데 왜 그렇게 판단하셨는지 핵심부터 먼저 설명해주실 수 있을까요?"

이 분야의 전문가라니 설명해주고 싶은 부분이 얼마나 많았겠는가. 하지만 시청자들은 그의 요지를 듣기까지 한참을 기다려야 했다. 인내심이 부족한 사람이었다면 그 자리에서 TV 채널을 돌려버리거나 자리를 박차고 일어났을 것이다. 아무리 유익한 정보라도 이처럼 시작부터 청중의 관심을 끌지 못하면 빛을 보지 못할 가능성이 높다. 따라서 잘 아는 주제에 대해 발언할 기회가 주어진다면 아는 것을 모두 쏟아내기보다는 최대한 간단명료하게 준비한 말부터 해야 한다. 이렇게 하면 듣는 사람은 화자의 이야기를 더욱 쉽고 흥미롭게 받아들일 수 있다.

"우리는 국민의, 국민에 의한, 국민을 위한 통치가 지상에서 사라지지 않아야 한다는 사명에 우리 스스로를 바쳐야 합니다."

"포기하지 마십시오! 절대로, 절대로, 절대로 포기하지 마십시오!"

위대한 연설가들은 모두 'KISS원칙'(Keep It Short & Simple), 즉 '짧고 간단하게 말하라'라는 원칙을 충실히 지키는 사람들이었다. 미국 대통령 링컨은 게티스버그 전투의 희생자들을 추모하는 자리에서 겨우 10개의 문장으로 미국이라는 국가의 의미를 국민들에게 각인시켰고, 영국 총리 처칠은 전쟁 중 방문한 자신의 모교에서 단 1분간의 연설로 "절대로 포기하지 말라"라는 메시지를 각인시켰다.

나는 가족이나 지인과 대화할 때는 말을 너무 짧게 하지 않으려 한다. 요점만 말하면 화난 것처럼 보이지 않을까, 쌀쌀맞다고 오해하지 않을까 걱정되기 때문이다. 상담이나 행사 자문을 받을 때도 마찬가지다. 어렵게 부탁해오는 심정을 알기에 최대한 상냥하게 대하려 한다. 하지만 상대가 두서없이 말을 이어가거나 장황하게 말을 늘어놓을 때는 대화를 원활하게 이끌기 위해 내 쪽에서 먼저 질문을 던지기도 한다.

"지금 말씀하신 내용 중에 꼭 알아야 할 것이 있을까요?"
"그럼 결론은 어떻게 정리하면 될까요?"

그렇게 하면 상대도 '내가 말이 조금 많았나보다' 눈치채고 금방 본론으로 되돌아오곤 했다.

벨기에의 커뮤니케이션 전문가 엘리자베스 반 덴 버그는 짧은 시간에 효과적으로 메시지를 전할 수 있는 7가지 팁을 다음과 같이 소개했다.

- **목표를 명확히 하라:** 내가 말을 꺼내는 이유는 무엇인가?

- **청중을 파악하라:** 청중이 내 이야기에서 바라는 것은 무엇인가?

- **의미를 더하라:** 청중이 내 이야기에 관심을 가져야 하는 이유는 무엇인가?

- 메시지를 명확히 하라: 청중이 기억해야 하는 내용은 무엇인가?
- 이야기의 구조를 만들어라: 사례와 이야기, 사실과 데이터를 근거로 하는 요점 한두 가지를 만들어라
- 시작과 끝에 강한 인상을 남겨라
- 말하기 전에 여러 번 반복 연습하라

그렇다. 간결하고 명확한 말하기는 상대방의 시간을 존중하는 일이다. 이러한 배려는 신뢰감을 주고 함께 일하고 싶은 사람이라는 인상을 남긴다. 위 내용을 적절히 활용해 의견을 전달해보자. 당신의 말은 더욱 강력한 힘과 설득력을 지니게 될 것이다.

Point

상대가 필요로 하는 말에 집중하면 불필요한 말이 줄어든다.

당신을 유능하게 보이게 하는 쉬운 말

아인슈타인이 상대성 이론을 발표했을 때 있었던 일이다. 논문이 지나치게 어려웠던 탓에 그의 이론을 제대로 이해하는 사람은 손에 꼽을 정도였다. 어느 날 한 기자가 아인슈타인에게 상대성 이론을 쉽게 설명해달라고 요청하자 그는 이렇게 답했다.

"뜨거운 난로 위에 손을 올려놓으면 1분이 1시간처럼 느껴질 겁니다. 하지만 아름다운 사람과 시간을 보내면 1시간이 1분처럼 지나가 버리지요. 상대성 이론이란 바로 그런 것입니다."

아인슈타인은 비유를 통해 난해한 이론을 간단하게 설명했다. 어렵고 복잡한 이야기를 전달하려면 이처럼 상대방이 쉽게 이해할 수 있도록 해야 한다.

이야기의 목적은 상대에게 내용을 잘 전달하는 것이다. '내가 말을 잘했는지'보다 '상대가 잘 이해했는지'가 관건이다. 그러려면 상대의 수준과 이해 정도에 따라 전달 방법이 달라져야 한다. 상대방의 입장을 고려하지 않고 어려운 내용을 장황하게 늘어놓으면 공감보다는 거부감을 불러일으킬 가능성이 크다.

실제로 말을 잘하는 사람들은 현란하고 어려운 말보다는 쉬운 단어를 선택한다. 내가 처음 뉴스 원고를 작성할 때 한 선배가 "초등학교 5학년 학생이 이해할 수 있는 수준으로 쉽게 풀어 써라"라고 했던 조언이 지금도 생생하다. 내용이 어렵지 않아야 시청자들의 머리에 쏙쏙 들어간다는 말이었다. 특히 방송은 신문 같은 활자 매체와 달리 내용이 빠르게 지나가므로 최대한 간결하게 표현하는 것이 중요하다.

한 분야를 오래 연구한 전문가들 중에서도 이러한 점을 소홀히 여기는 사람들이 적지 않다. 그들은 상대의 이해도를 헤아리지 않고 전문 용어나 학술 용어에만 의존하는 경향이 있다.

대학에서도 다르지 않다. 어떤 교수는 학생들의 수준을 고려해 어려운 개념을 쉽게 풀어 설명하지만, 어떤 교수는 본인의 학식을 과시하듯 전문 용어를 잔뜩 늘어놓으며 수업을 따라가기 어렵게 만든다. 해당 분야에 낯선 학생들에게는 교수의 강의가 당혹스럽게 느껴질 수밖에 없다.

불필요한 외래어 사용도 마찬가지다. 특히 누구나 쉽게 이해해야 하는 공공언어에서조차 이러한 경향은 더욱 심화되고 있다. '패스트 트랙'(일을 신속하게 처리하기 위한 절차), '블렌디드 러닝'(두 가지 이상의 학습법을 결합한 교육 방식), '테스트 베드'(새로운 기술이나 제품, 서비스의 성능이나 효과를 시험할 수 있는 설비) 같은 단어들은 얼핏 들으면 무슨 의미인지 이해하기 어렵다. '스마트폰'처럼 일상 언어로 굳어진 외래어나 대체 불가능한 전문 용어가 아니라면 순화하거나 의미를 덧붙여 설명하는 편이 바람직하다. 그렇다면 어떻게 해야 상대방이 더 쉽게 이해하도록 말할 수 있을까?

상대의 이해 수준을 파악하라

쉽게 말하기 위해서는 먼저 듣는 사람이 해당 분야를 어느 정도 이해하고 있는지 파악해야 한다. 어휘는 상대적인 개념이기 때문이다. 상대방의 이해 수준이나 관심 여부를 고려하지 않은 채 부적절한 단어를 사용하면 상대방은 배려 받지 못했다는 인상을 받을 수 있다.

대화 중에 상대가 이해하지 못하는 것 같다면 중간중간 어휘 수준을 조정해보자. 소통은 어디까지나 서로 '통해야' 의미가 전달되는 법이니까.

불필요한 정보는 제거하라

회의나 발표를 진행하다 보면 시시콜콜한 디테일에 집착하거나 불필요한 말을 과도하게 늘어놓는 사람들이 있다. 이러한 대화는 핵심을 흐릴 뿐 아니라 듣는 이의 집중력을 떨어뜨려 대화의 방향을 잃게 만든다. 또한 지나치게 긴 설명은 피로감을 유발하고 청중의 흥미를 반감시킨다.

그러므로 주제와 무관한 내용은 최대한 자제하는 것이 좋다. 먼저 핵심 메시지를 전달한 뒤 구체적인 설명을 덧붙여야 이야기에 짜임새가 생기고 듣는 사람도 쉽게 이해할 수 있다. 이때 간단하고 정확한 어휘를 사용하면 효과는 배가된다.

비유법을 활용하라

예로부터 철학자들은 비유법을 즐겨 사용했다. 아리스토텔레스는 자연을 기계에 비유해 모든 것에 목적이 있음을 설명했고, 노자는 도(道)를 흐르는 물에 비유해 자연스러운 삶의 중요성을 강조했다. 이들이 비유법을 사용한 이유는 간단하다. 복잡한 개념을 알기 쉽게 전달하기 위해서다.

비유법은 추상적인 개념을 구체적으로 설명하는 수사학 기법이다. 앞서 소개한 아인슈타인의 상대성 이론 사례처럼, 비유법을 활용하면 복잡한 개념을 쉽게 풀어 설명할 수 있다. 흥미로운 비유는 사람들의 몰입을 돕고, 그렇게 전달된 정보는 기억 속에 오랫동안 각인된다.

쉬운 표현을 쓰면 의사소통이 한층 원활해지며 불필요한 오해를 피할 수 있다. 이는 서로를 이해하려는 마음에서 출발하며 당신을 배려심 있는 사람으로 보이게 한다. 소통에 어려움을 겪고 있다면 간단한 말로 대화를 시작해보자. 작은 변화만으로도 당신의 가치와 영향력은 크게 높아질 것이다.

Point ────────────────────────

아무리 중요한 말도 듣는 사람이 소화하지 못하면 소용이 없다.

당신을 빛나게 하는
임기응변 대화법

뜻하지 않은 상황을 마주하면 사람들은 저마다 다양한 반응을 보인다. 어떤 이는 혼쭐이 빠진 듯 어찌할 바를 몰라 주변 사람까지 당황하게 하는 반면, 어떤 사람은 '어떻게 저리도 평정심을 유지할까?' 싶을 만큼 차분하고 깔끔하게 상황을 수습해낸다.

몇 년 전 백상예술대상 시상식장에서 있었던 일이다. 이날 행사에서는 최우수상과 대상 발표를 앞두고 수상 소감의 좋은 예와 그렇지 않은 예를 소개하는 짤막한 영상이 준비되어 있었다.

그런데 준비된 자료 화면이 재생되는 순간, 예상치 못한 일이 벌어졌다. 화면이 한 박자 늦게 재생되는 것도 모자라 아예 소리까지 나오지 않는 게 아닌가! 생방송이었던 데다 국내 최고 권위의 시상식이었던지라 많은 이들의 이목이 집중된 상황이었다. 말 그대로 돌발 상황이었다.

장내가 정적에 휩싸인 순간, 사회자 두 사람은 방송 사고가 터졌음을 직감하고 빠르게 내처했다. 자료 화면 내용을 재치 있게 중계하는가 하면, 출연자들에 관한 에피소드를 소개하며 시간을 벌었다. 영상에 입혀진 자막을 읽으며 만담을 나누기도 했다. 적잖이 당황스러웠을 상황에서 사회자들은 노련하게 현장 분위기를 수습했다. 방송 사고가 마무리되자 그들은 이제야 됐다는 듯 환하게 웃으며 이렇게 말했다.

"이런 게 바로 생방송의 묘미죠!"

사회를 잘하는 사람들은 대체로 순발력이 뛰어나다. 돌발 상황에도 쉽게 당황하지 않고 앞의 상황을 즉각 이어가는 재치를 발휘한다. 이렇듯 센스 있는 말 한마디는 위기 극복에 도움을 주고 다른 이들에게 긍정적 에너지를 불어넣어준다.

경북문경 세계군인체육대회 대변인을 맡았을 때의 일이다. 개회식을 하루 앞두고 큰 위기가 찾아왔다. 갑작스럽게 불어닥친 돌풍으로 정상적인 행사 진행이 불투명해진 것이다. 다음 날 아침에는 전 세계 100여 개국 선수단과 VIP들이 참석할 예정이었고, 잠시 후에 있을 9시 뉴스에서는 조직위원장의 인터뷰가 계획되어 있었다. 행사 진행 여부를 결정해야 하는 매우 다급한 상황이었다. 하지만 김상기 조직위원장은 아무렇지 않은 듯 여유 있는 미소로 인터뷰에 임했다.

"손님맞이에 부족함이 없도록 만전을 기울이고 있습니다."

오랜 기간 육군참모총장으로 국가 방위에 전념해온 그의

리더십이 돋보이는 순간이었다. 조직위원회와 지자체 관계자들은 밤새 파손 예방과 안전 확보에 최선을 다했고, 결국 행사는 성공적으로 마무리될 수 있었다.

임기응변은 내가 스피치 교육에서 특별히 강조하는 테크닉 중 하나다. 여러 사람 앞에서 이야기를 하다 보면 예상치 못한 일이 생각보다 자주 일어나기 때문이다. 이런 경우에는 준비한 내용에 집중하기보다 주변 상황을 재빨리 파악해 적절한 판단을 내리는 능력이 무잇보다 중요하다. 평소 이러한 연습을 해두면 돌발 상황이 발생하더라도 침착하게 대처할 수 있다.

일상에서도 임기응변의 지혜가 필요한 순간이 있다. 특히 서로의 의견을 주고받는 과정에서 이런 상황을 종종 마주하게 된다. 가령 생각지도 못한 얘기를 듣거나, 준비되지 않은 질문을 받거나, 자신이 한 일에 대해 뜻밖의 평가를 받게 될 때는 참으로 난감하다.

"아니, 그렇게 설명했는데 아직도 이해가 안 돼?"

"초등학생도 그렇게는 안 하겠다!"

아무리 성격이 좋은 사람이라도 이처럼 신랄한 비난에는 위축되기 마련이다. 하지만 바로 그 순간 한 박자 멈춰 서서 차분히 감정을 가라앉히면 상황을 반전시킬 수 있는 여지가 생긴다.

"제가 아직 익숙하지 않아서 그런 것 같습니다. 죄송하지만 다시 한 번 설명해주시겠어요?"

"그렇게 말씀하시니 제가 큰 실망을 끼쳐드린 것 같네요. 앞으로 좀 더 신경 쓰도록 하겠습니다."

상대는 생각지도 못한 답변에 당황하게 될 것이다. 차분하면서도 당당한 대답에 당신을 다시 보게 될지도 모른다.

호랑이에게 물려가도 정신만 차리면 살 수 있다는 옛말처럼, 위기가 닥쳤을 때는 먼저 자신의 생각을 침착하게 정리해보자. 적절한 임기응변은 난처한 상황을 슬기롭게 돌파하고 자신을 돋보이게 하는 효과적인 대화의 기술이다.

침착함은 위기 상황에서 해법을 알려주는 '마스터 키'와 같다.

단호하지만 부드러운
거절의 기술

얼마 전 한 주간지에서 원고 청탁을 받았다. 마감을 앞둔 일이 많았던 데다 내적인 이야기를 공개해야 한다는 부담감이 몰려와 선뜻 응할 수가 없었다. 거절을 위한 이런저런 핑곗거리들이 떠오르면서 마음이 불편해지기도 했다. 하지만 이번에도 결국 다소곳하게 '예'라고 답변하고 말았다.

나는 평소 거절을 잘 못하는 편이다. 제안이나 부탁을 해온 사람의 입장을 생각하느라 '아니오', '싫어요'라는 말을 꺼내기가 쉽지 않아서다. 종종 '내가 좀 더 수고하지' 하는 마음에 상대의 요구를 덜컥 받아들였다가 헉헉댄 적도 있었다. 매번 '이번에는 무리하지 말고 단호하게 거절해보자' 다짐하지만 실제로는 잘 지키지 못할 때가 많다.

많은 이들이 거절을 어려워한다. 속마음과 다르게 '알겠습니다'가 튀어나와 자괴감이 든다는 사람까지 있을 정도다. 상대를 실망시키고 싶지 않아 그러는 사람이 있는가 하면, 갈등을 일으키는 것 자체를 부담스러워하는 이들두 있다. 이러한 사람들은 대개 사회적 관계를 중요하게 여긴다는 특징이 있다.

하지만 제대로 거절하지 못하면 정신 건강은 물론 인간관계까지 망칠 수 있다. 가령 부담스러운 제안에 마지못해 '예스'라고 대답하는 사람은 겉으로는 아무런 문제가 없는 것 같아도 실제로는 속을 끓이고 있을 가능성이 높다. 자신의 역량을 넘어서거나 가치관에 부합하지 않는 일이라면 과감하게 '노'(No)를 외칠 줄 아는 용기도 필요하다.

만약 어떤 요청에 대해 거절해야 할지, 수락해야 할지 판단이 서지 않는다면 어떻게 해야 할까? 온라인 심리상담 플랫폼 《베터 업》에서는 다음과 같은 질문을 통해 스스로 답을 찾아보기를 권하고 있다.

- 나는 이 일을 감당할 시간과 에너지가 충분한가?

- 이 일을 수락하는 것이 나에게 무슨 도움이 되는가?

- 누군가 당신을 괴롭히거나 교묘히 조종하고 있는가?

- 이 일을 수락해야 하는 이유가 단순히 다른 사람을 기쁘게 하기 위해서인가?

- 이 일을 수락함으로써 다른 계획들을 변경해야 하는가?

다만 거절은 지혜롭게 해야 한다. 만약 어떤 사람이 어렵게 부탁을 해왔는데 말이 끝나기가 무섭게 "싫어요", "안 돼요"라고 대답한다면 상대는 어떤 기분이 들까? 무시당했다는 생각에 모욕감을 느끼거나 배려 없는 사람이라고 생각할 수 있다.

상대에 대한 이해나 공감이 결여된 거절은 불쾌감을 불러일으키고 관계마저 손상시킬 수 있다. 자신의 마음을 지키면서 상대의 마음을 불편하게 하지 않으려면 다음과 같은 방법으로 거절해보자.

- 죄송하지만 내일까지 말씀드려도 될까요? (결정 연기)
- 이번에는 불가능할 것 같은데요. 연말에는 스케줄이 괜찮으니 그때 다시 이야기해 보는 것은 어때요? (대안 제시)
- 제안해주셔서 감사합니다. 하지만 이번에는 그렇게 하기가 힘들 것 같네요. (감사 표시)

무엇보다 중요한 점은 거절 의사를 확실하게 표현하는 것이다. 애매하게 대답하거나 여지를 남기면 상대방은 오히려 받아들였다고 생각하거나 다시 요청할 수도 있다. "예"라고 대답해놓고 책임을 다하지 못해 쩔쩔매거나 끌려다니기보다는 차라리 자신의 뜻을 분명히 밝히는 편이 낫다. 이러한 행동은 당신을 자유롭게 할 뿐 아니라 다른 사람들에게 한층 전문적이라는 인상을 심어줄 수 있다.

불확실한 태도는 혼란을 초래하고 나쁜 결과를 낳는다. 선택의 기준은 남이 아니라 '나'여야 한다는 사실을 잊지 말자.

Point

현명한 거절은 장기적으로 더 나은 관계를 만들어낼 수 있다.

질문의 퀄리티를
높여라

"유연한 어른이 되려면 어떻게 해야 할까요?"

"장관 재임 당시 내렸던 가장 중요한 외교적 결단은 무엇이었습니까?"

최근 방영을 시작한 한 시사 교양 프로그램에서 앵커가 던진 질문이다. 그는 시청자들이 궁금해할 만한 지점을 예리하게 포착하는 한편, 출연자들의 발언을 경청하며 깊이 있는 답변을 이끌어냈다. 좋은 질문은 이처럼 대화를 의미 있는 소통으로 확장시킨다.

상대로부터 좋은 답변을 이끌어내려면 화자의 언변 못지않게 질문의 내용 또한 중요하다. 어떤 질문을 던지느냐에 따라 대화의 깊이가 달라질 수 있기 때문이다. 결국 대화의 퀄리티를 결정짓는 것은 질문자의 역량이라 해도 과언이 아니다. 그렇다면 어떻게 해야 좋은 질문을 할 수 있을까?

맥락에 맞게 질문하라

옷차림에 대한 이야기를 할 때 'T.P.O'를 지키라는 말이 있다. 즉, 시간(Time), 장소(Place), 상황(Occasion)에 맞는 옷차림을 하라는 것이다. 장례식에 화려한 색감의 옷을 입고 간다거나, 신부가 주인공인 결혼식에 새하얀 드레스를 입고 하객으로 간다고 상상해보자. 그러한 상황에서는 누구라도 어색함과 불편함을 느낄 것이다.

질문 역시 마찬가지다. 때와 장소에 어울리려면 대화의 주제와 분위기를 먼저 살펴야 한다. 처음 만난 사람에게 다

짜고짜 "나이가 어떻게 되세요?"라고 묻거나 슬픈 일을 겪은 지인에게 "그만 잊어야 하지 않겠어?"라고 재촉하듯 말한다면 상대는 당혹스러움을 느낄 수밖에 없다. 불필요한 오해나 실수를 미연에 방지하려면 질문하기 전에 잠시 멈춰 '이 질문이 지금 이 자리에서 적절한가'를 점검하는 자세가 필요하다.

철저히 준비한 후 질문하라

사회를 보거나 토론을 진행할 때는 패널과 답변자의 의중을 읽어내는 통찰이 필요하다. 그래야 상황에 맞는 질문을 던지고 토론의 방향을 안정적으로 이끌 수 있다.

실제로 인터뷰나 강의를 진행하다 보면 종종 막연하고 기초적인 질문만 던지는 사람들을 보게 된다. 이러한 방식으로는 표면적이고 상투적인 대답밖에 들을 수 없다. 심지어 기본적인 정보도 찾아보지 않고 엉뚱한 질문을 하는 이들도 있다. 이는 상대방에게 관심이 없다는 느낌을 줄 수 있어 반드시 지양해야 한다.

예를 들어 인기 유튜버에게 막연히 "어떻게 유튜브를 시작하셨나요?"라고 묻기보다는 채널의 특징과 성과를 짚으며 "이런 형식의 콘텐츠를 기획하게 된 특별한 계기가 있었나요?"라고 묻는 편이 훨씬 효과적이다. 이러한 질문은 상대에게 존중과 관심을 동시에 전달해 보다 진솔하고 깊이 있는 답변을 이끌어낸다.

대화가 이어지도록 질문하라

처음부터 결론을 정해두면 대화는 쉽게 막힌다. 예를 들어 "출장은 다녀오신 거죠?", "행사는 잘 마치셨죠?" 같은 닫힌 질문은 짧은 대답으로 끝나기 쉽다. 반면 "출장은 어땠어요?", "행사 진행하면서 어떤 보람을 느끼셨어요?"처럼 열린 질문을 하면 이야기는 자연스럽게 확장된다. 대화의 깊이는 이처럼 말의 많고 적음이 아니라 질문이 여지를 남길 수 있는가의 여부에 달려 있다.

인터뷰나 대담을 하는 경우에도 다르지 않다. "이러셨어요?", "저러셨어요?"처럼 닫힌 질문을 하면 "네", "아니요" 같은 단답형으로 끝날 가능성이 높다. 반면 "이건 이런 측면이 있는데 어떻게 생각하세요?"처럼 열린 질문을 하면 자신의 생각과 느낌을 자연스럽게 이야기할 수 있고, 대화도 물 흐르듯 이어진다.

좋은 질문은 깊이 있는 답변을 이끌어내고 상대의 견해를 존중하며 대화를 지속시킨다. 반면 나쁜 질문은 피상적인 답변을 유도하고 선입견을 강화해 대화를 단절시킬 수 있다.

당신은 평소에 어떤 질문으로 대화를 시작하는가? 좋은 질문은 소통에 진정성을 더하고 상대방과의 관계를 한층 돈독하게 만들어줄 것이다.

Point

좋은 질문 하나만으로도 대화의 깊이와 방향은 크게 달라질 수 있다.

구체적인 수치를
활용하라

"요즘 상황이 조금씩 나아지는 것 같아."

"그 사람 느낌이 참 좋더라. 한번 만나봐."

우리는 어떤 결정을 내리거나 누군가를 만날 때 느낌을 따르는 경향이 있다. 느낌은 그동안의 기억과 경험에 많은 영향을 받기 때문이다.

하지만 다른 사람을 이해시키거나 설득해야 하는 자리라면 느낌만으로는 '2프로' 부족하다. 그럴듯한 말이나 피상적인 말은 막연하게 들릴 뿐이며 당신에 대한 신뢰나 평판을 떨어뜨릴 수 있다. 이러한 일을 방지하려면 사실에 근거한 수치나 자료가 뒷받침되어야 한다.

특히 비즈니스 영역에서는 이러한 소통 방식이 더욱 중요하게 작용한다. 구체적인 데이터나 수치는 목표를 달성하고 기업의 성과를 개선하는 데 큰 도움이 되기 때문이다. 가령 "우리 모두 세계 최고의 기업으로 도약합시다"보다는 "3년 안에 해외 수출액 기준 업계 10위 기업이 될 수 있도록 노력합시다"라고 말하는 편이 한층 믿음직스럽게 들린다.

마케팅을 할 때도 다르지 않다. 단순히 "멋있다", "효과적이다"처럼 추상적으로 설명하기보다는 "키 높이 효과 4cm", "재구매율 85%", "피붓결 개선 효과 40%"처럼 구체적으로 표현하는 편이 훨씬 소구력 있게 다가온다. 명확한 수치는 신뢰도를 높여 구매 심리를 자극하고 매출을 끌어올리는 원동력이 된다.

정보를 전달할 때도 마찬가지다. 막연히 "이런 저런 일이

있었다"라고 두루뭉술하게 말하는것보다 날짜와 장소, 고유
명사를 정확히 밝히는 편이 훨씬 생생한 느낌을 줄 수 있다.
이를테면 "얼마 전에 여행 다녀왔어", "학교에서 강연하고
왔어"라고 말하는 대신 이렇게 표현하는 것이다.

"주말에 동생이랑 부산국제영화제에 다녀왔어."
"월요일에 ○○대학교 취업박람회에서 강연하고 왔어."

이처럼 구체적으로 말하면 실제 사례라는 믿음을 주고 이
야기에 생동감을 더할 수 있다. 불가피하게 익명을 써야 하
는 경우가 아니라면 인물이나 단체의 실명을 밝히는 편이
좋다.

이때 사진이나 동영상, 실물을 보여주면 전달 효과가 한
층 강화된다. 특히 거리나 넓이, 크기 등을 언급할 때는 머릿
속에 이미지가 떠오르도록 구체적으로 설명해야 한다. 생생
한 이미지가 호소력을 높이고 설득력을 더하기 때문이다.

예를 들어 그냥 크다고 말하는 대신 양손을 크게 펼쳐 보

이거나, 그냥 짧다고 말하는 대신 손가락으로 뭔가를 간신히 집어 올리는 듯한 제스처를 취하면 의미와 느낌이 훨씬 더 효과적으로 전달될 수 있다.

2019년 호주 남동부에서 대형 산불이 발생하자 국내 언론에서는 "서울 면적 100배"에 달하는 땅이 잿더미로 변했다며 긴급 속보를 내보냈다. 단순히 '600만 헥타르(ha)'라고 표현했다면 그 피해 규모를 쉽게 가늠하기 어려웠을 것이다. 이처럼 시각적 상상력을 자극하면 듣는 이의 이해를 돕고 오래도록 잔상을 남길 수 있다.

물론 상세한 설명이 언제나 바람직한 것은 아니다. 불필요한 부분까지 장황하게 늘어놓다 보면 듣는 사람은 금세 흥미를 잃게 되기 때문이다.

'어휴, 길다 길어. 도대체 무슨 말을 하려는 거야?'
'아니, 뭐 저런 숫자까지 언급하지? 잘난 척은….'

특히 스마트폰이나 노트북으로 즉석에서 사실 관계를 확

인할 수 있는 요즘 같은 디지털·AI 시대에는 어설픈 정보 전달이 오히려 신뢰를 떨어뜨릴 수 있다. 따라서 근거를 제시할 때는 반드시 객관성이 입증된 자료나 공신력 있는 자료를 인용해야 한다. 자신이 사용하는 근거가 편향되지는 않았는지에 대해서도 면밀한 확인이 필요하다.

구체적인 표현은 정보의 신뢰도를 높이고 다른 사람을 이해시키는 데 중요한 역할을 한다. 정확한 근거를 제시하려는 노력과 성의 역시 상대에게 호감과 신뢰를 줄 수 있다. 상대가 고개를 끄덕이게 하고 싶다면 사실과 근거에 기반해 말해보자. 부족한 '2프로'는 자연스럽게 채워지고 말에 무게가 더해질 것이다.

Point

디테일에 충실하라. 그럴수록 당신의 말은 힘을 얻을 것이다.

다양한 어휘를
사용하라

"어쩜 저렇게 내 맘을 정확하게 표현하지?"

"이야, 말을 저렇게 할 수도 있구나."

살다 보면 누구나 자신이 하고 싶은 말을 제대로 표현하지 못할 때가 있다. 다양한 생각들이 머릿속을 오가지만 마땅한 표현이 떠오르지 않는 것이다. 바로 그때 누군가 상황에 딱 맞는 말을 꺼내면 막힌 속이 뻥 뚫리고 모든 것이 명료해진다. 예상치 못한 어휘의 등장에 무릎을 탁 치기도 한다.

이처럼 단어를 적재적소에 사용하면 훨씬 더 명쾌하게 자신의 생각을 전달할 수 있다.

일반적으로 한 사람이 일상생활에서 구사하는 단어의 개수는 1,000개 내외라고 한다. 만약 500개의 단어만 쓰는 사람과 1,000개의 단어를 사용하는 사람이 있다면 누가 더 풍부한 대화를 이어갈 수 있을까? 결국 얼마나 많은 어휘를 활용할 수 있는가는 화자의 말하기 역량을 가늠하는 중요한 기준이 된다.

그런데 우리 주변을 살펴보면 매일 똑같은 어휘, 단순한 표현만 반복하는 사람들이 의외로 많다. 가령 어떤 일에 대한 인상이나 소감을 물었을 때 그 일에 대해 구체적으로 느낀 것이 있을 텐데도 그냥 '좋았어요', '괜찮았어요' 하고 대답해버리는 식이다.

실제로 학생들을 지도하다 보면 새롭고 특별한 경험을 한 뒤에도 간단히 '좋다', '나쁘다' 정도로만 소감을 말하는 경우가 많다. 그럴 때마다 "어떤 점이 좋았나요?", "왜 그 경험이 특별했나요?"라고 물으면 처음에는 조금 당황하다가도 곧 "직접 해보니 막연했던 부분이 확실히 정리돼서 좋았어요", "친구들과 함께해서 성취감이 더 컸어요"라며 자신의 감정을 구체적으로 묘사해내곤 했다. 이러한 훈련은 사고의 깊이를 더하고 어휘력을 키워 커뮤니케이션 능력을 향상시키는 데 큰 도움을 준다.

한편 구체적인 내용 없이 대명사만 남발하는 사람도 있다. "그거 있잖아, 그거!", "그때 말한 건 어떻게 됐어?"처럼 애매하게 표현하는 것이다. '적절한 말이 떠오르지 않아서'라고는 하지만 듣는 입장에서는 이해가 쉽지 않다.

외국 사람과 대화할 때도 상황은 마찬가지다. 국제 행사에 참석하면 종종 'You know'(당신도 알다시피)를 습관처럼 쓰는 이들을 만나게 되는데, 내가 장난스럽게 'I don't know'(저는 모르겠는데요)라고 일깨워주면 상대는 흠칫 놀라며 그런 표현을 자제하려는 모습을 보였다. 이러한 군더더기 표현은 생각이 정리되어 있지 않다는 인상을 주고 말하는 이에 대한 신뢰를 떨어뜨릴 수 있다.

오바마 미국 전 대통령의 배우자인 미셸 오바마. 한번은 그녀가 오프라 윈프리와의 인터뷰에서 'You know'라는 표현을 무려 50번 가까이 반복한 적이 있었다. 캐주얼한 이미지를 의식해서였는지 과장된 표현과 몸짓도 유난히 많았다. 평소 힘 있고 설득력 있는 발언으로 높은 평가를 받아온 그녀였기에 그날의 인터뷰는 다소 아쉽게 다가올 수밖에 없었다.

그렇다면 다양한 어휘로 삶을 풍성하게 만들려면 어떤 노력이 필요할까? 우선 평소에 틈틈이 사전을 찾아보면서 쓸 만한 표현들을 정리해두는 것이 좋다.

나는 글을 쓰거나 말을 할 때, 심지어 문자 한 줄을 보낼 때조차도 한 문장 내에 같은 단어가 반복되지 않도록 유의한다. 가령 '말했다' 대신 '언급했다', '주장했다', '목소리를 냈다', '입을 열었다' 등의 표현을, '바랍니다' 대신 '기원합니다', '소망합니다', '희망합니다'와 같은 동사를 사용하는 것이다. 각 단어가 가진 미묘한 뉘앙스의 차이를 살리면 더욱 매끄럽고 매력적인 의사소통이 가능해진다.

익숙하지 않은 어휘를 의식적으로 학습하는 것도 좋은 방법이다. 최근 인공지능과 헬스케어가 사회 트렌드로 부상하면서 관련 학회나 세미나에 자주 참석하고 있다. 전문가들을 만나고 새로운 용어를 알아갈 때마다 지식이 넓어지고 사고가 확장되는 느낌이 든다. 이러한 단어들은 주로 과학 기술 뷰야에서 사용되지만, 일상생활부터 경제, 정치에 이르기까지 밀접하게 연관되어 있어 다른 영역에서도 충분히 활용 가능하다.

만약 새롭게 흥미를 느낀 분야가 있다면 먼저 그 분야의 어휘를 익히는 데 시간을 투자해보기를 권한다. 다른 영역에서 자신의 생각을 표현하는 데 큰 도움이 될 것이다.

당신은 어떤 표현을 자주 쓰는가? 무의식적으로 반복하는 말들이 있는가? 만약 익숙한 표현이나 의미가 모호한 어휘를 사용하고 있다면 더 날카롭고 적확한 어휘로 대체해보자.
사고의 폭을 넓히고 한층 유능한 인상을 줄 수 있다.

Point

매력 있는 사람이 되고 싶다면 어휘 공부는 선택이 아닌 필수다.

세대를 배려하는
공감의 대화법

"선배님! 저 지금 엘베에 있어요."

미국에서 귀국한 지 얼마 되지 않았을 때의 일이다. 어느
날 후배 C의 문자를 받고 조금 당황스러운 기분이 들었다.
'엘베'라는 생소한 단어가 귀에 들어왔기 때문이다.

'엘베가 어디지?'

뜻이라도 물어봐야 하나 망설이던 순간 엘리베이터에서 내린 후배가 걸어오는 모습이 보였다. 그제서야 '엘베'가 엘리베이터의 줄임말임을 깨달았다.

최근 새로운 신조어들이 일상에 빠르게 스며들고 있다. '스벅'(스타벅스), '배민'(배달의 민족) 같은 줄임 표현은 일상화되었고, '워케이션'(work+vacation, 일과 여행을 동시에 즐기는 생활 방식), '텍스트힙'(text+hip, 독서가 멋진 유행으로 자리 잡고 있음을 뜻하는 말)처럼 영어와 영어를 조합한 단어도 우후죽순 만들어지고 있다.

그뿐 아니다. '알잘딱깔센'(알아서 잘 딱 깔끔하게 센스 있게), '킹받는다'(King+열받다) 등 언뜻 보기에 무슨 말인지 도대체 알 수 없는 말들도 수두룩하다.

이러한 현상에는 스마트폰의 대중화가 큰 영향을 미친 것으로 보인다. 신속한 정보 전달을 위해 간결하고 함축적인 표현을 사용하게 되고, 그러한 말들이 SNS를 통해 빠르게 확산되는 것이다. 심지어 TV 예능 프로그램이나 언론사 공식 유튜브 채널에서도 이러한 표현을 자막에 활용하며 새로운 언어 확산에 일조하고 있다.

사실 줄임말과 유행어가 만들어지는 것은 자연스러운 현상일 수 있다. 언어는 시대나 환경에 따라 각기 다른 맥락을 지니며 끊임없이 진화하기 때문이다. 하지만 이러한 표현을 지나치게 사용하면 세대 간 소통이 단절되거나 특정 집단에 있는 사람들이 소외감을 느낄 수 있기에 주의할 필요가 있다.

얼마 전 '어쩔티비'라는 말을 처음 듣고 충격을 받은 적이 있었다. "어쩌라고, 가서 TV나 봐"라는 뜻으로, 대화가 통하지 않는 기성세대를 조롱하기 위해 만들어진 말이라고 한다. 나는 이런 표현을 들을 때마다 여전히 불편한 기분이 든다. 상대를 이해하려 하기보다는 불통의 책임을 일방적으로 떠넘기는 듯한 느낌이 들기 때문이다.

물론 대화의 가능성을 차단해버리는 것이 비단 젊은 세대의 문제만은 아니다. 기성세대들 가운데서도 이와 비슷한 태도를 가진 사람들이 제법 많다.

"아니, 요즘 사람들은 이런 단어도 몰라?"
"이 정도 표현은 기본으로 알아야지!"

이러한 태도는 결국 소통의 단절을 초래하게 된다. 상대를 이해하려는 마음이 전제되어 있지 않으면 대화는 처음부터 어긋나기 마련이다. 어떤 표현을 모른다고 해서 그 사람을 비난하거나 배척하기보다는 그 말이 왜 생겨났고 어떤 상황에서 쓰이는지 차근차근 설명해주는 것이 바람직하다.

바람직한 소통은 공감과 배려에서 시작된다. 소통에 어려움을 느낀다면 배려심을 발휘해 상대가 알아들을 수 있는 단어로 바꾸어 표현해보자. 한층 부드러워진 분위기 속에서 대화를 이어갈 수 있을 것이다.

Point

서로의 차이를 이해하고 인정하라. 대화의 가능성이 크게 확장된다.

청중을 사로잡는 사회와 강연
이렇게 준비하라

나는 오랜 기간 다양한 미디어 분야에서 일해왔다. 그중에서도 가장 자신 있는 분야를 꼽으라면 단연 사회와 강연이다. 국제회의를 포함한 여러 행사에서 대변인 및 사회자로 활발히 활동해왔기 때문이다. 그러다 보니 자연스럽게 다음과 같은 질문을 많이 받게 된다.

"어떻게 하면 말을 잘할 수 있나요?"
"사람들 앞에만 서면 머리가 하얘지는데 어떻게 하면 좋을까요?"

핵심은 듣는 사람의 입장에서 생각해보는 것이다. 준비한 내용을 일방적으로 전달하는 대신 청중의 상황과 환경을 고려하면 한층 효과적인 발표가 가능하다. 그렇다면 어떻게 해야 청중의 마음을 사로잡을 수 있을까?

사전 준비는 철저하게

발표를 잘하려면 철저한 준비는 필수다. 단순히 원고를 암기하는 것을 넘어 행사 목적과 청중의 성격, 발표 순서와 전체 흐름까지 미리 파악해야 한다. 잘 모르는 주제라면 주최 측에 자료를 요청하고, 개인적으로 자료를 준비해야 하는 경우라면 최대한 다양한 방법으로 정보를 수집하는 것이 바람직하다. 유튜브나 챗GPT를 활용하면 빠르고 편리하게 정보를 모을 수 있지만 정확성 측면에서 한계가 있으므로 사실 관계를 반드시 검증해야 한다.

자료 정리와 원고 작성 요령

발표 원고는 '직접 사용할 자료'와 '참고용 자료'를 구분해 정리한다. 참고용 자료는 발표 중 잠시 쉬는 부분이 생겼을 때 적절한 멘트로 활용 가능하다. 세션이 전환되는 부분에는 형광펜을 칠하거나 줄바꿈 표시를 넣어 시선이 분산되더라도 쉽게 흐름을 파악할 수 있도록 한다. 발표 시에는 가능한 한 모든 청중과 눈을 맞추며 듣는 이의 반응을 헤아려야 한다는 점을 절대로 잊지 말자.

청중을 사로잡는 발표의 기술

발표자는 시간을 지키고, 말의 속도와 리듬을 조절하며, 청중과 적극적으로 교감해야 한다. 시간이 길어지면 집중력이 떨어지므로 각 구간의 흐름을 미리 정해두고 중간중간 페이스를 점검할 필요가 있다. 긴장해서 말이 빨라질 때는 호흡을 가다듬어 리듬을 되찾고, 강조할 부분에서는 힘을 주되

필요할 때는 잠시 멈춤으로써 여운을 남겨야 한다. 또한 원고에만 의존하지 말고 청중에게 질문을 던지는 등 자연스러운 소통을 시도해야 한다. 발표자가 당당하고 자신감 있게 말할 때 듣는 사람도 안정된 마음으로 이야기에 집중할 수 있다.

진짜 실력은 실전에서 드러난다

최근 한 아마추어 음악회에서 사회를 맡은 적이 있었다. '음악으로 하는 세계 여행'이 주제였던 데다 내용도 어렵지 않아 처음에는 음악에 대해서만 차분히 설명할 생각이었다.

하지만 막상 무대에 올라보니 청중이 아직 자리를 잡지 않았고 흐린 날씨 탓에 분위기도 착 가라앉아 있었다. 그대로 진행했다가는 연주자들이 위축될 것 같았다. 결국 나는 평소보다 높은 톤으로 질문을 던지며 청중의 참여를 적극 유도했다. 사람들의 긴장은 서서히 풀리기 시작했고, 연주자들은 한결 안정된 모습으로 연주를 이어나갔다. 그렇게 음악회는 따뜻한 분위기 속에서 마무리될 수 있었다.

이처럼 사회자와 강연자는 언제든 돌발 상황을 마주할 수 있다. 엉뚱한 질문을 받는 것은 물론 마이크가 꺼지는 등 기술적인 문제가 발생하는 경우도 다반사다. 따라서 이러한 경우에는 준비한 대로 하기보다는 그때그때 상황에 맞춰 대처하고 분위기를 전환하는 능력이 중요해진다. 억지로 문제를 감추려다 어색한 분위기를 만들기보다는 솔직히 상황을 공유하며 자연스럽게 현장에 적응하는 것이 좋다. 유머를 적절히 활용하면 현장의 분위기를 단숨에 끌어올리고, 윤활유처럼 행사의 흐름을 매끄럽게 이어갈 수 있다.

발표의 본질은 청중을 배려하고 상대를 중심에 두는 것이다. 지금까지 언급한 내용들을 잘 기억하고 꾸준히 연습해보자. 당신은 훌륭한 사회자와 강연자의 자질을 갖출 수 있을 것이다.

신뢰감 있어 보이는 대화의 기술

험담은
모두에게 독이다

"이번에 새로 부임한 부장 말이야. 낙하산 같지 않아? 일을 너무 못하는 것 같은데….."

"그 팀장 나랑 정말 안 맞아. 보기만 해도 기분이 확 나빠진다니까."

습관적으로 남의 이야기를 입에 달고 사는 사람들이 있다. 대부분 긍정적인 말보다 부정적인 말이다. 특히 친구들 모임이나 회사 부서, 여러 사람이 모인 자리에서 소위 '뒷담화 까기'가 다반사다. 자리에 있는 사람들 이야기만으로도 충분할 텐데 꼭 없는 사람을 안주 삼아 입방아에 올린다.

하지만 앞에서 하지 못할 말을 뒤에서 수군대는 것은 바람직하지 못하다. 이는 자기 무덤을 파는 행위다. 비난과 험담은 돌고 돌아 당사자의 귀에까지 들어가게 된다. 심지어 "너만 알고 있어" 하고 은밀하게 얘기한 말이 그대로 자신에게 전해지는 웃지 못할 해프닝도 벌어진다. 오죽하면 식사나 술자리에서 함부로 자리를 뜨지 말라는 뼈 있는 농담까지 있겠는가.

사람들은 처음에는 남의 말을 하지 않으려다가도 상대방의 말에 조금이라도 동조해주어야 한다는 생각에 본의 아니게 뒷담화에 동참하게 된다. 하지만 다른 사람의 이야기를 자주 하는 사람은 다른 곳에서 자신의 험담도 할 수 있다는 사실을 간과하지 말아야 한다. 나는 이러한 경우 슬며시 화제를 바꾸곤 한다.

"그 사람, 뒷말이 참 많더라고요. 평소에 잘했으면 그런 험담이 안 돌았을 텐데….”

“참, 그리고 보니 어제 있었던 세미나는 어땠어요? 준비를 정말 많이 했다고 하던데요.”

험담의 대상에게 긍정적인 평가를 내리는 것도 효과적인 방법이다. 긍정적인 평판을 듣고나면 말을 꺼낸 이의 생각도 긍정적인 방향으로 바뀔 수 있다.

“그 친구, 박 대리 말이야. 왜 그렇게 무뚝뚝한지 모르겠어. 무슨 말을 해도 통 반응이 없고….”

“조금 과묵한 사람 아닐까요? 어떤 사람들은 마음과 달리 표현이 잘 안 되는 경우가 있더라고요.”

이럴 때는 “자리에 없는 사람 얘기는 하지 마시죠”, “저는 그런 얘기 별로 안 좋아합니다”처럼 직설적인 표현을 쓰기보다는 조용히 자리를 피하거나 완곡하게 거절 의사를 밝히는 편이 현명하다. 강한 비난은 상대의 자존심을 상하게 하고 반발심을 일으켜 오히려 역효과를 낼 수 있기 때문이다.

SNS가 주요 소통 수단이 된 요즘은 험담이 더욱 빠르게 퍼져나간다. 칭찬과 격려가 오가야 할 소통의 장이 익명성을 등에 업고 욕설과 비난이 넘치는 '악플'의 온상이 되곤 한다. '아니면 말고' 식으로 무심하게 던져진 말들은 진실이 밝혀진 뒤에도 누군가의 명예와 삶에 돌이킬 수 없는 상처를 남기게 된다. 특히 대중에게 알려진 유명인들은 악성 댓글로 심각한 정신적 고통을 겪는 경우가 많다.

직장에서도 확인되지 않은 소문이나 험담으로 인해 관계가 틀어지고 갈등이 커지는 사례가 늘고 있다. 이러한 말들은 대개 은밀하게 오고 가기에 증거 확보가 어렵고 처벌이 쉽지 않다. 사소해 보이는 한마디가 예상치 못한 결과로 이어지기도 한다. 그러므로 우리는 더욱 신중하게 말해야 하며 자신의 표현에 책임을 질 수 있어야 한다.

남의 말을 할 때는 부메랑을 생각해볼 일이다. 잘하면 본전, 못하면 큰 화가 된다. 설령 좋은 말을 건넸더라도 상대방의 입장과 견해에 따라 전혀 다른 의미로 해석되어 후폭풍이 커질 수 있다.

험담을 일삼는 이들은 잘못을 저지르거나 문제가 발생하면 남의 탓을 하는 경향이 짙다. 이런 사람은 듣는 이에게 경박하다는 인상을 남기게 되고 딱 그만큼의 신뢰밖에 주지 못한다. 남의 말을 쉽게 입에 올리는 습관이 있다면 차라리 말수를 줄이도록 노력하라. 험담을 차단하는 데 큰 도움이 될 것이다.

Point

칭찬이 아니라면 남의 이야기는 가능한 한 먼저 꺼내지 마라.

잘못한 일은
진심으로 사과하라

"저희 제품으로 피해를 입은 고객 분들께 사과의 말씀을 올립니다."

"제 발언으로 상처를 받으신 모든 분들께 진심으로 사과 드립니다."

기업인들은 물의를 일으키면 으레 공식적인 사과문을 발표하곤 한다. 그것이 사회적 책임을 다하기 위한 최소한의 조치로 여겨지기 때문이다. 하지만 어떤 이들은 이치에 걸맞지 않는 사과로 공분을 사기도 한다. 다음 사례를 보자.

안녕하십니까, 대표 ○○○입니다. 지난주에 있었던 불미스러운 일로 심려를 끼쳐드려 죄송합니다. 저희는 앞으로 이러한 일이 재발하지 않도록 힘쓸 것이며, 더욱더 자랑스러운 기업이 되도록 노력하겠습니다. 다시 한번 진심으로 사과의 말씀 드립니다.

얼핏 보면 정중한 사과문처럼 보이지만, 내용을 자세히 들여다보면 누구를 향한 사과인지, 어떤 잘못을 했는지 분명히 드러나지 않는다. 잘못에 대한 인정이나 그에 따른 보상 역시 제대로 언급되어 있지 않다. 이러한 사과는 오히려 책임을 회피하는 인상을 남겨 불신과 반감을 키우게 된다.

미국의 저가 항공사 제트블루의 CEO 데이비드 닐먼은 이와 대비되는 모습을 보였다. 그는 갑작스러운 폭설로 고객들이 불편을 겪자 직접 사과 영상을 찍어 올리고 재발 방지책을 제시했다. 그는 이후 주요 일간지에 전면 광고를 실어 다시 한 번 공식적으로 사과의 뜻을 밝혔다.

친애하는 고객 여러분, 지난주 저희는 고객 여러분께 항공편의 지연과 취소, 수하물 분실을 비롯해 큰 불편을 안겨드렸습니다. 저희가 만든 불안, 좌절, 불편에 대해 얼마나 진심으로 죄송한지 말로 표현할 수 없습니다.

저희는 현재 즉각적인 조치를 취하고 있습니다. 이번 '고객 권리 장전'에는 보상 및 처리에 대한 세부 사항을 구체적으로 담았습니다. 고객 여러분의 신뢰를 회복하는 것보다 중요한 일은 없으며, 여러분이 곧 저희 제트블루에 대한 긍정적인 경험을 다시 얻어갈 수 있기를 바랍니다.

이 사과문에는 어떤 일이 일어났는지, 어떤 피해가 발생했는지에 대한 내용이 명확하게 담겨 있다. 닐먼은 날씨에 대해 변명하지 않고 환불과 여행 상품권 제공에 수백만 달러를 지불했다. 그의 사과문은 많은 소비자들의 마음을 움직였고, 그해 제트블루의 주가는 소폭 상승했다. 진심 어린 사과가 브랜드 이미지 제고에 결정적인 역할을 한 것이다.

일상에서도 마찬가지다. 잘못했을 때 어떤 태도를 보이는지가 그 사람의 됨됨이를 보여준다. 잘못을 저지르고도 상황만 탓하거나 자존심만 앞세운다면 당신의 사과는 거짓으로밖에 들리지 않을 것이다. 오하이오 주립대 명예교수 로이 르위키는 진정성 있는 사과를 위한 6가지 원칙을 다음과 같이 제시했다.

- 자신의 잘못을 사과하라
- 무엇이 잘못되었는지 설명하라
- 잘못에 대한 책임을 인정하라
- 잘못을 반복하지 않겠다고 약속하라
- 피해 보상 방법 또는 해결책을 제시하라
- 용서를 구하라

사과를 할 때는 타이밍도 중요하다. "내가 말이 좀 과했네" 혹은 "제 생각이 부족했네요. 마음 불편하게 해서 죄송해요”라고 하면 간단히 끝날 일이 너무 늦어지면 변명처럼 들리게 된다. 심지어 어떤 경우에는 변명으로조차 받아들여지지 않게 된다. 말문을 열기도 어렵지만 ‘왜 이제 와서 그런 얘기를 꺼내는 거야?’라는 생각이 들게 해 문제를 더욱 키우는 것이다.

“기분 나빴다면 미안해”, “하지만 나도 어쩔 수가 없었어”와 같은 조건부 사과 역시 피해야 한다. 이러한 사과는 변명으로 들리거나 상대에게 책임을 전가하는 듯한 인상을 주어 오히려 관계를 악화시킬 수 있다.

잘못을 인정하는 일은 누구에게나 힘들다. 하지만 우리에게 가장 필요한 것은 자신의 잘못을 인정할 수 있는 용기다. 혹시 당신도 누군가에게 사과할 일이 있지는 않은가? 사소한 일로 말다툼을 하고 자존심 탓에 돌아서버리지는 않았는가? 그렇다면 지금이라도 먼저 사과의 말을 건네보자. 단순히 “미안합니다” 하고 끝내기보다 상대의 감정을 헤아리는 말을 덧붙이면 훨씬 진정성 있게 다가갈 수 있다.

"미안해. 나 때문에 마음이 많이 상했지?"
"죄송합니다. 그날 일로 상심이 크셨지요."

말로 표현하기 어렵다면 문자나 편지로 마음을 전해보자. 중요한 것은 상대의 감정을 이해하고 관계를 회복하는 일이다. 사과는 자존심을 꺾는 일이 아니다. 오히려 성숙한 사람으로 존중받을 수 있는 또 다른 기회다. 진심 어린 사과는 서로의 관계를 단단하게 만들고 당신의 인격을 한 단계 성장시킬 것이다.

Point

적절한 타이밍에 건네는 사과는 마음을 부드럽게 녹이는 촛농과 같다.

때로는
자신의 결점을 드러내라

2022년 5월, 세계적 가수 테일러 스위프트가 뉴욕대학교 졸업식 연단에 섰다. 실수를 통해 성장하라는 조언도 좋았지만 더욱 인상 깊었던 것은 화려한 성공 뒤에 가려진 평범함이었다.

"저는 여러분과 같은 대학 생활을 해본 적이 없습니다. 학교를 그만둔 뒤로는 혼자 공부하며 전국을 돌아다녀야 했으니까요. 낭만적인 이야기처럼 들리겠지만 실제로는 렌터카를 타고 다니며 모텔을 전전해야 했죠. 캠퍼스 잔디밭에서 책을 읽다 멋진 이성을 만나는 설렘은 생각조차 할 수 없었답니다."

연설이 끝나자 청중은 환호와 함께 뜨거운 박수를 보냈다. 그래미 어워드에서 '올해의 앨범상'을 네 번이나 수상한 그녀가 자신의 마음을 담담하게 고백하는 모습은 무대 위 노래보다 더욱 깊은 울림을 남겼다.

완벽하지 않은 모습은 호감을 준다

빈틈없이 유능한 사람과 어딘가 허술해 보이는 사람. 당신은 어떤 타입에 더 마음이 끌리는가? 전자는 너무 완벽해 보여서 나와는 다른 세계에 있는 사람, 어느 가요 제목처럼 '가까이하기엔 너무 먼 당신'으로 보일 수 있다. 반면 후자는 나와 별반 다르지 않은 사람처럼 느껴져 편안하다. 결점이 오히려 동질감과 인간적인 매력을 불러일으키는 것이다. 미국의 심리학자 캐시 애론슨은 이를 '실수 효과'라고 설명하며 "사람들은 너무 완벽한 사람보다 약간 빈틈이 있는 사람을 선호한다"라고 말했다.

완벽해 보이지 않아서 오히려 친근하게 다가오는 사람이 있다. 바로 소통 강연가 김창옥 씨다. 그는 어린 시절 아버지의 청각 장애와 부모님의 불화 속에서 성장한 탓에 아버지와 제대로 대화를 나눈 기억이 거의 없었다. 하지만 그는 무대 위에서 자신의 아픔을 솔직하게 드러내왔다. 정중은 그를 보며 '저렇게 밝아 보이는 사람도 나와 비슷한 고민과 아픔을 겪었구나' 하고 공감한다. 나만 힘들게 살아온 것이 아니라는 생각에 자연스럽게 마음의 문을 여는 것이다.

토크쇼나 인터뷰에서도 이러한 상황을 어렵지 않게 접할 수 있다. 진행자가 먼저 자신의 이야기를 하나둘 꺼내놓으면 출연자도 자신의 속마음을 쉽게 털어놓게 된다.

가장 먼저 떠오르는 인물은 방송인 강호동 씨다. 거친 외모와 투박한 사투리에도 그가 크게 성공할 수 있었던 비결은

친근하고 솔직한 인간미에 있다. 그는 뭐든지 다 안다는 식으로 자신을 내세우기보다는 어딘가 어수룩한 모습으로 사람들의 마음을 편안하게 만든다. 과거 한 예능 프로그램에서 처음 보는 시민들과 친구처럼 대화를 나누는 모습을 보면서 나는 왜 그가 오랫동안 대중의 사랑을 받았는지 이해할 수 있었다.

때로는 자신의 부족함을 드러내라

"나는 너무 말을 못해."
"내 실력을 사람들이 알면 어떡하지?"

누구에게나 말 못할 약점이 있다. 사람들은 스스로 결함이 있다고 여기면 속으로 꽁꽁 숨기고 다른 이들이 그것을 알아차릴까 봐 전전긍긍한다. 특히 완벽주의 성향이 있거나 사회적으로 인정받는 위치에 있는 이들에게 이러한 경향이 더욱 강하게 나타난다. 한 번의 실수가 자신의 이미지를 실추시킬 거라 생각하는 것이다.

하지만 결점을 드러내지 않는 것이 반드시 좋은 일이라고 볼 수는 없다. 결점을 숨기려 할수록 긴장과 불안이 커지고 타인과 믿음을 쌓기도 어려워지기 때문이다. 실제로 완벽주의는 업무에 부정적인 영향을 미치고 구성원 간의 관계를 경직시킬 수 있다. 만약 당신이 리더라면 모르는 부분이 생겼을 때 "저도 이 부분은 잘 모르겠군요. 함께 해결책을 찾아봅시다"라고 솔직하게 말해보자. 분위기가 한결 부드러워지고 팀원들도 부담 없이 자기 의견을 내기 시작할 것이다.

다른 사람의 약점을 이용하는 이들에게도 자신의 부족함을 드러내는 것은 유용한 대비책이 된다. 로널드 레이건 대통령이 재선에 나섰을 때 그의 나이는 73세였다. 상대편 후보 월터 먼데일이 이를 문제 삼아 집요하게 물고 늘어지자 레이건은 이렇게 말했다.

"저는 상대 후보의 젊음과 경험 부족을 정치적으로 이용하지 않겠습니다.”

　이 발언은 그의 승리를 견인한 '결정적 한 방'이 되었다. 이처럼 자신의 약점을 인정할 수 있다면 그것은 오히려 강점으로 바뀔 수 있다.

　자신의 약점을 유머로 풀어낼 수 있는 사람은 자존감이 높을 뿐 아니라 상대에게 겸손하고 매력적인 인상을 준다. 다만 너무 처연한 태도로 자기를 비하하면 부정적인 느낌을 줄 수 있으니 적절한 수위를 조절할 필요가 있다.

Point

완벽해야 한다는 부담을 내려놓으면 대화의 장벽을 낮출 수 있다.

너무 빠른 속도로
말하지 마라

　　말하기에서 속도는 생각보다 큰 영향을 미친다. 같은 내용이라도 전달되는 이미지는 완전히 달라지기 때문이다. 너무 빠르면 조급해 보이고 너무 느리면 답답하게 느껴진다. 속도가 적절해야 여유가 생기고 상대는 편안하게 집중할 수 있다.

　　하지만 대부분의 사람들은 이를 의식하지 못한 채 습관적으로 빠르게 말한다. 특히 젊은 세대나 여학생들에게서 이러한 모습을 자주 볼 수 있다. '따다다다' 쏟아내고 '까르르르'

웃으며 이어가는 대화는 듣는 이에게 금세 피로감을 안겨준다. 높은 톤의 대화가 속사포처럼 이어지다 보니 끼어들 틈이 없고 뒷말은 흘려듣게 될 수밖에 없다. 이야기하는 사람도 말실수를 하거나 가벼운 인상을 주기 쉽다.

반대로 천천히 말하면 발음과 호흡이 자연스럽게 정돈되어 목소리에 안정감이 더해진다. 생각할 시간이 충분하므로 불필요한 말이 줄고 신뢰감을 준다. 특히 비즈니스 미팅이나 프레젠테이션에서는 이러한 말하기 방식이 큰 힘을 발휘한다. 천천히 말하는 사람에게는 여유와 자신감이 느껴지고 상대방은 더욱 집중하며 경청하게 된다.

한 공공기관의 광고 수주 프레젠테이션 현장. 여러 협력사가 경쟁적으로 제안서를 발표하는 자리였다. 첫 번째 발표자가 무대에 올랐다. 그는 긴장한 듯 빠른 속도로 말을 쏟아냈다.

"저희 회사는 사용자 데이터를 분석해 맞춤형 광고를 구현하고 있습니다. 작년 대비 매출 성장률은 25%이고요, 경쟁사 대비 광고 효과는… 다음으로 넘어가보면요….”

그의 말은 쉴 틈 없이 이어졌고 슬라이드는 빠른 속도로 넘어갔다. 준비해온 정보를 쏟아내기에 급급한 모습이었다. 사람들의 눈동자가 흔들리기 시작했고, 몇몇은 이미 발표 화면이 아닌 다른 곳을 바라보고 있었다. 어느새 청중의 얼굴에는 피곤한 기색이 번졌다. 이어진 발표는 달랐다. 그는 낮고 명확한 목소리로 또박또박 말했다.

“광고는 많이 노출되는 것보다 정확히 이해되는 것이 중요합니다. 저희가 진행한 유사 프로젝트에서 정책 인지도는 32% 상승했고, 핵심 메시지 도달률은 목표 대비 1.6배를 기록했습니다.”

짧고 명확한 발표에 회의실의 분위기는 순식간에 반전되었다. 청중의 시선은 자연스레 그에게 집중되었고, 그가 속한 기업은 성공적으로 프로젝트를 수주할 수 있었다. 이처럼 속도를 늦추고 핵심에 집중하는 화법은 내용 그 이상의 신뢰와 설득력을 얻게 된다.

세계적으로 훌륭한 연설가 중 빠르게 말하는 사람은 거의 없다. 흑인 인권 운동의 상징인 마틴 루터 킹은 중요한 순간마다 속도를 늦춰 몰입도를 높였으며, 영국의 총리 마거릿 대처는 차분하면서도 단단한 어조로 자신감을 드러냈다.

특히 오바마 대통령은 대중을 사로잡는 '여백의 화법'으로 잘 알려져 있다. 그는 문장을 끝맺을 때마다 잠시 멈춰 호흡을 가다듬었고, 때로는 청중의 반응이 잦아들 때까지 기다린 뒤 천천히 말을 이어나갔다. 손짓과 시선으로 자연스러운 리듬을 만들어가는 그의 연설 방식은 지금도 많은 리더들 사이에서 모범적인 말하기로 회자되고 있다.

물론 '적절한 말의 속도'는 상황과 상대에 따라 달라질 수 있다. 가령 연배 있는 사람과 이야기할 때는 조금 느리다 싶을 만큼 천천히 말하는 것이 예의 바르게 보이지만, 젊은 사람들에게는 답답하게 느껴질 수도 있다. 아이들과의 대화에서는 상황에 맞는 완급 조절이 중요하다. 놀이처럼 활기 넘치는 순간에는 약간 빠른 템포가 어울리지만, 훈육이나 조언을 할 때는 차분하게 말하는 편이 효과적이다.

직장에서도 마찬가지다. 급박한 상황에서는 조금 빠른 속도로 이야기해 상황의 중요성을 분명히 드러내야 하고, 일상적인 상황에서는 차분한 속도로 맥락을 짚어주며 여유 있게 말해야 구성원들이 한결 편안한 마음으로 일할 수 있다. 이처럼 말의 속도는 관계의 온도를 조절하고, 대화의 질을 결정짓는 중요한 요소다.

마음을 움직이고 믿음을 얻는 말은 언제나 여유에서 나온다. 한 박자 느리게 호흡하고, 한 템포 천천히 말해보자. 당신의 말에는 그만큼 힘과 설득력이 실릴 것이다.

Point

말의 빠르기를 조절하라. 당신의 말은 한결 신중하게 들릴 것이다.

사소한 일에도
관심을 기울여라

얼마 전 한 학회에서 있었던 일이다. 앞에 앉아 있던 사람이 내 이름을 듣고는 뒤를 돌아보더니 반갑게 아는 체를 했다.

"어머, 지현아! 나 기억 안 나? 이게 도대체 얼마만이야!"

처음에는 그가 누구인지 기억나지 않아 조금 당황스러웠다. 하지만 함께 갔던 카페와 선물로 준 음반 이야기를 듣자

대학 시절 기억들이 하나둘 퍼즐 조각처럼 맞춰지기 시작했다. 잊고 있던 옛 친구와의 추억이 반가움으로 되돌아오는 순간이었다. 무엇보다 오랜 시간이 흐른 뒤에도 나를 소중하게 생각하고 있다는 사실이 큰 감동으로 다가왔다.

나는 처음 만난 사람의 이름을 기억하는 데는 소질이 없지만 지인들과 나누었던 대화나 일상은 비교적 상세하게 기억하는 편이다. 그래선지 어디에 갔었는지, 어떤 옷을 입었었는지 사소한 것들에 관심을 표하면 상대방의 얼굴에는 금세 화색이 돌곤 했다.

사람들은 누군가 자신의 이야기를 기억해주면 매우 좋아한다. '내 말을 흘려듣지 않았구나'라는 생각에 호감이 커지고 그 사람을 한 번 더 눈여겨보게 된다. 특히 대화 중에 예전에 나누었던 이야기를 다시 꺼내면 상대방은 자신이 의미 있는 존재로 기억되고 있다고 느낀다.

"요즘 아이 돌보느라 잠을 제대로 못 잤다며. 오늘은 일찍

들어가 쉬어. 건강 먼저 챙겨야지.”

“지난번에 회사 분위기가 좀 복잡하다고 했잖아. 요즘은 좀 괜찮아졌어?”

이처럼 상대의 고충을 기억해 언급해주면 상대는 자신을 향한 관심과 존중을 분명하게 드러낼 수 있다. 이는 단순한 호감을 넘어 관계를 한층 깊게 발전시키는 계기가 된다.

반대로 무심함은 관계를 허무는 불씨가 된다. 작은 균열 하나가 강둑을 무너뜨리듯, 섭섭함이 쌓이면 깊은 상처로 이어질 수 있다.

이는 특히 가족이나 친구처럼 가까운 사이에서 빈번하게 발생한다. 생일이나 기념일을 기억하지 못해 서운함을 안기는 경우도 적지 않다. ‘이 정도는 이해해주겠지’ 하고 무관심한 태도를 보이면 상대는 ‘나는 이 사람에게 있어도 그만, 없어도 그만인 존재인가?’라는 생각에 점차 마음의 문을 닫게 된다.

직장에서도 마찬가지다. 여러 차례 제안한 아이디어를 상사가 대수롭지 않게 흘려들으면 부하 직원은 '내 의견은 존중받지 못하는구나'라는 생각에 낙담하고, 심지어 회사를 떠나기도 한다. 관계는 이처럼 사소한 일에 소홀해질 때 쉽게 무너지곤 한다.

그러므로 상대의 호감을 얻고 우호적 관계를 맺고 싶다면 관심을 적극적으로 표출해야 한다. 모임이나 미팅 후 짧은 메시지를 보내거나 함께 촬영한 사신을 공유하는 일도 중요하다. 사소해 보일 수 있지만 친밀한 관계를 이어가고 싶다는 적극적인 표현이 된다.

"안녕하세요? 출장은 잘 다녀오셨죠?"
"최근 카톡 프로필에 와인 사진이 자주 보이던데, 새로운 취미에 흠뻑 빠지셨나 봐요."

작은 변화를 알아챘다면 곧바로 진심 어린 인사를 건네보

자. 상대도 기쁜 마음으로 응답할 것이다. 세심한 마음 씀씀이는 삶의 윤활유가 되고 서로의 관계를 더욱 돈독하게 만들어준다.

Point

상대를 향한 지속적인 관심은 예상치 않은 감동을 안겨줄 수 있다.

경청은
귀로 하는 설득이다

얼마 전 가까운 사람의 소개로 아트테크 전문가 한 사람을 만났다. 당시 한국 미술 시장에서는 인공지능이나 NFT 같은 신기술을 활용한 작품들이 화제였기에 그의 이야기는 평소 미술에 관심이 많은 내게도 무척 흥미롭게 다가왔다. 대화는 밤이 늦도록 이어졌다.

며칠 뒤 그를 소개해준 사람을 다시 만난 나는 뜻밖의 말을 들었다. 그가 나를 지금까지 만난 사람들 가운데 가장 말주변이 좋은 사람이라고 평가했다는 것이다. 내가 한 일이라고는 그저 그의 말을 경청하며 가끔 질문을 던지고 "아, 그렇군요" 하고 맞장구를 친 것뿐이었다. 아마도 그가 들려준 이야기에 진심으로 관심을 보인 점이 긍정적인 인상을 남긴 듯했다. 경청은 이처럼 강렬한 인상을 남긴다.

실제로 남의 이야기를 성심껏 들어주는 이를 만나기는 쉽지 않다. 대부분은 자기 자신에게 주의를 집중하기 때문이다. 하지만 다른 사람의 말에 귀 기울이지 않는 사람은 대화의 흐름을 파악하지 못하고 원활한 소통에 지장을 준다. 어쩌다 고개를 끄덕이더라도 속으로는 다른 생각을 하고 있을지도 모른다.

비즈니스 상황에서는 경청이 더욱 중요해진다. 협상을 성공적으로 이끌어내기 위해서는 상대의 말을 귀담아 들어야 하기 때문이다. 자신의 말재주만 믿고 여러 이야기를 장황하게 늘어놓으면 의도치 않게 정보가 노출되어 상대의 전략에 이용될 소지가 있다. 그렇게 되면 협상은 불리하게 흘러갈

가능성이 높다. 가끔 상대의 말을 불쑥불쑥 가로막는 이들이 있는데, 이러한 대화 방식은 반감을 일으키고 역효과를 낳게 된다. 심한 경우 '지금 내 말을 진지하게 듣고 있기는 한 건가?'라는 불쾌감마저 들 수 있다.

미국의 리더십 전문가 로버트 콘클린이 한 회사에 초청 강연을 하러 갔을 때의 일이다. 자리를 가득 메운 영업 사원들 앞에서 강의를 성공적으로 마친 그는 사장에게 다음과 같이 제안했다.

"오늘 이 자리에 모인 사람들 가운데 실적이 가장 뛰어난 사람이 누군지 제가 한번 맞혀볼까요?"

사장이 고개를 끄덕이자 콘클린은 즉각 세 사람을 지목했다. 그러자 그 자리에 있던 간부들은 순간 눈이 휘둥그레졌다. 사장이 콘클린에게 물었다.

"아니, 그걸 어떻게 아셨습니까? 저 사람들은 모두 우리 회사에서 다섯 손가락 안에 드는 영업 사원입니다."

"간단합니다. 저 사람들이 제 강연을 가장 열심히 들었거든요. 능력 있는 사람은 남의 말도 자기 말처럼 소중하게 여기는 법입니다."

『탈무드』에 따르면 입이 하나고 귀가 두 개인 이유는 다른 사람의 말을 많이 듣고 적게 말하라는 의미다. 실제로 경청(傾聽)이라는 단어에는 몸과 마음을 기울여(傾), 상대를 왕(王)처럼 존중하며 귀(耳)와 눈(目)과 마음(心)으로 듣는다(聽)는 뜻이 담겨 있다. 상대의 말 속에 숨겨진 의도와 내용을 마음으로 헤아릴 수 있어야 비로소 온전한 대화를 나눌 수 있다는 의미다.

경청은 상대를 이해하는 첫걸음이다. 단순히 듣는 것을 넘어 말의 의미와 상대의 입장을 제대로 파악하는 것이 중요하다. 반박하고 싶더라도 한 템포 참아보자. 감정이 앞서면 대화는 쉽게 어긋나는 법이다. 그 작은 인내가 상대의 마음을 열고 당신을 신뢰할 만한 사람으로 만들어준다. 진정한 지혜는 귀를 기울이는 데서 시작된다.

Point ——————————————————————————

경청은 평생에 걸쳐 갈고닦아야 할 대화의 진수다.

명확한 표현은
신뢰감을 준다

국제대회에서 괄목할 만한 성적을 거두고 돌아온 피겨스케이팅 선수 S의 인터뷰 현장. 귀국 후 소감을 묻는 취재진의 질문에 답변하는 그녀의 말을 듣던 중 문득 귀에 거슬리는 대목이 있었다.

"좋은 결과 얻을 수 있어서 기분이 좋았던 것 같아요."

"메달을 딸 수 있어서 기쁜 것 같아요."

자신의 감정을 표현하는데 왜 굳이 "같아요"라고 말하는 걸까? 경기 때처럼 야무진 태도로 인터뷰에 임했지만 그러한 말투는 어쩐지 옥의 티처럼 느껴졌다. 깔끔하게 소화해낸 3회전 점프 실력 못지않게 대답도 당당했더라면 얼마나 더 멋졌을까. 축하 분위기로 현장이 떠들썩했던 데다 아직 인터뷰에 익숙하지 않은 나이다 보니 이해가 안 되는 것은 아니었지만, 미래가 촉망되는 유망주였기에 아쉬움은 더욱 클 수밖에 없었다.

만약 당신이 중요한 일을 결정해야 하는 상황에 놓여 있다면 이러한 표현을 더더욱 지양해야 한다. 딴에는 배려하는 마음에 조심스럽게 얘기한 것이 상대에게는 무관심이나 이해 부족으로 받아들여질 수 있다. 특히 '이럴 수도 있고 저럴 수도 있다'라는 식의 두루뭉술한 표현은 신속하고 원활한 회의를 저해하는 요인이 된다. 비즈니스 세계에서 전문적으로 보이지 못한다는 것은 큰 결점이다.

커뮤니케이션 전문가 제인 랏츠는 대화할 때 '명확

성'(clarity), '자신감'(confidence), '신뢰성'(credibility)이 중요하며, '어떻게 말하느냐'가 '무엇을 말하느냐'보다 두 배 이상 중요하다고 강조한다. 자신을 적극적으로 드러내야 하는 요즘 같은 시대에는 이러한 역량이 더욱 중요해졌다. 말을 잘하는 것이 곧 성공으로 이어질 수 있기 때문이다. 자신의 생각을 분명하게 표현하고 능력을 확실하게 보여줄 수 있다면 당신은 더 많은 기회를 잡을 수 있다. 그렇다면 어떻게 해야 좀 더 명확하게 말할 수 있을까?

올바른 호흡법 사용하기

가늘고 힘없는 목소리로 말하는 사람과 중후하고 단단한 목소리로 말하는 사람이 있다고 하자. 당신은 누구의 이야기에 더 귀를 기울이겠는가?

목소리는 사람의 첫인상을 좌우하는 중요한 요소다. 그러므로 올바른 호흡법을 아는 것이 무엇보다 중요하다. 먼저 등을 곧게 펴고 어깨에 힘을 빼보자. 그러면 몸 전체가 편안해져 목소리가 자연스럽게 흘러나오게 된다. 말을 할 때는 입을 분명하게 벌리고 정확한 발음으로 소리가 뭉개지지 않도록 해야 한다. 가슴이나 복부에서 울리는 깊은 소리를 의식하면 더욱 안정적인 목소리를 낼 수 있다.

하루에 한 번, 시간을 정해 5분씩 꾸준히 연습해보자. 단단하고 또렷한 목소리는 신뢰감을 높이고 당신을 한층 유능한 사람으로 보이게 해줄 것이다.

구체적으로 표현하기

의사소통을 할 때는 가능한 한 구체적이고 명확한 언어를 사용해야 한다. 다음 사례를 보자.

A: 이번 행사는 준비하는 데 시간이 어느 정도 걸릴까요?

B: 꽤 오래 걸릴 것 같습니다.

C: 두 달 정도 걸립니다.

A: 이번 제품의 핵심 타깃은 누구인가요?

B: 젊은 층을 염두에 두고 있습니다.

C: 20대 후반 여성 1인 가구가 주요 대상입니다.

B의 대답은 모호하고 준비되지 않은 듯한 느낌을 주는 반면, C의 대답은 구체적이고 명료하다. 듣는 사람 입장에서는 C에게 신뢰감과 호감을 느낄 수밖에 없다.

이야기를 꺼낼 때도 마찬가지다. 막연히 "내일 미팅 자료 좀 준비해주세요"라고 하기보다는 "내일 오전 11시에 미팅이 있으니 오늘 퇴근 1시간 전까지 자료 준비를 마쳐주세요"처럼 명확하게 지시하는 것이 불필요한 소통을 줄이는 데 효과적이다.

쓸데없는 말 걸러내기

"음", "어", "에" 같은 불필요한 추임새나 "이제", "진짜", "아니" 같은 단어를 습관적으로 사용하는 사람이 있다. 대화

중에 이러한 표현을 과도하게 사용하면 집중력이 떨어지고 메시지의 영향력도 감소한다. 말하는 이에 대한 신뢰도 또한 약해질 가능성이 높다. 이러한 습관이 있다면 호흡을 한 차례 가다듬고 이야기를 시작해보자. 상대방은 당신에게 집중하고 당신의 말을 더욱 진지하게 받아들일 것이다.

자신의 분야에서 인정받은 사람들과 존경받는 리더들은 모두 명확한 언어로 신뢰를 얻고 큰 성과를 이루어냈다. 당신은 어떤 사람이 되고 싶은가? 바로 지금 자신의 언어 습관을 돌이켜보자.

Point ————————————————

명확한 표현은 나를 대화의 주도자로 돋보이게 만든다.

인정하는 말
존중하는 말

　　최근 젊은 직장인들의 특징 가운데 하나로 '잦은 이직'이 회자되고 있다. 어렵게 입사한 회사에서 능력을 펼쳐 인정받기가 힘들고, 그런 분위기 탓에 좌절감을 느낀다는 것이다.

　　내가 사회 초년생이던 시절에도 분위기는 크게 다르지 않았다. 가령 상사가 "이거 잘할 수 있겠어? 실수하면 안 돼. 알지?"라는 식으로 못 미더운 마음을 드러내면 부하 직원들은 긴장해서 평소 실력을 발휘하기 힘들어했다. 반면 '이걸

내가 어떻게 하지?'라는 생각이 들 만큼 버거운 일도 "이 일은 자네가 적임자인 것 같아. 잘해 봐"라고 격려해주면 멋지게 해내고 말겠다는 의욕으로 불타올랐다.

직장 밖에서도 마찬가지다. 인정해주는 그 말 한마디를 건네지 못하는 사람이 의외로 많다. 도움을 준 사람에게 '감사하다'라는 인사 한마디, 수고한 사람에게 '애썼다'라는 말 한마디를 못 꺼내는 것이다. 특히 친구나 가족, 지인처럼 가까운 사이일수록 이런 점에 소홀한 것 같다. 상대방이 어련히 알지 않을까 싶어 표현을 안 하는 사람이 있는가 하면, 뜻밖에 잘한 일이 있어도 "웬일이야, 네가 이런 걸 다…"라는 식으로 말해 서운함을 안기는 사람도 있다.

인정하는 말은 존중과 사랑의 또 다른 표현이다. '칭찬은 고래도 춤추게 한다'라는 말처럼, 상대방을 높이 평가하는 한마디는 그 사람의 자존감에 날개를 달아준다. 때에 따라서는 한 사람의 인생까지도 바꾼다.

국제사회복지사 김해영은 인정받고 존중받는 것이 얼마

나 큰 힘이 되는지 보여준 인물이다. 어린 시절 척추 장애를 얻은 그녀는 "넌 태어나지 말았어야 해"라는 말을 들을 만큼 심한 학대를 받았고, 주변 사람들의 괄시로 고통스러운 성장기를 보냈다. 하지만 아프리카 보츠나와에서 김해영의 삶은 완전히 달라졌다. 사람들은 그녀를 장애인으로 보지 않고 하나의 온전한 인격체로 대했던 것이다. 크게 감동한 그녀는 그곳에서 청소년들을 위한 학교를 세우고, 기술을 가르치며 '희망의 전도사'로 20여 년을 살았다. 그녀는 당시를 회상하며 이렇게 말한다.

"사람이 가장 행복할 때는 자신을 인정하고 알아주는 사람이 있을 때더라고요."

인정받고 사랑받고 싶다는 욕구는 인간의 자연스러운 본성이다. 내가 부족하다고 느낄 때, 반복되는 실패로 좌절하고 낙담할 때, 단 한 사람이라도 있는 그대로의 나를 바라봐준다면 시들어가는 꽃을 피우는 단비처럼 나를 다시 일으켜 세울 수 있다. 미국의 작가이자 교육자인 메리 헤스켈은 이렇게 말했다.

"타인에게서 가장 좋은 점을 찾아내 그에게 이야기해 주십시오. 우리는 누구나 그것이 필요합니다. 타인 속에 있는 위대함과 아름다움을 발견하는 눈을 기르십시오. 그리고 찾아내는 대로 그에게 이야기해 줄 수 있는 힘을 기르십시오."

상대방에게 관심을 갖고 존중과 이해, 배려와 감사를 담아 자신의 마음을 표현해보자. 상대의 마음이 활짝 열리며 진정한 대화가 이루어질 것이다. 인정해주는 말은 언제 어디서나 성장의 자양분이 됨을 잊지 말자.

Point

칭찬에는 한 사람의 운명을 바꿀 정도로 강력한 힘이 있다.

말보다 강한
침묵의 힘

　　우리 주변에는 유독 말을 많이 하는 사람들이 있다. 자신의 이야기만 주야장천 늘어놓는 사람이 있는가 하면, 굳이 안 해도 될 말을 꺼내는 성급한 사람도 있다.

　　결론부터 말하자면 어느 쪽도 바람직한 태도는 아니다. 상대가 대화에 흥미를 잃을 수 있고 때로는 경박한 인상을 줄 수 있기 때문이다. 괜한 말을 꺼냈다는 생각에 후회하는 경우도 많다. 불교를 비롯한 여러 종교에서 '묵언 수행'을 강조하고 현인들이 '침묵의 미덕'을 역설한 이유도 이와 무관하지 않다. 적재적소에 사용되는 침묵은 말에 무게를 더해주며 상대를 설득하는 데 크고 작은 도움을 준다. 그렇다면 대화에서 침묵을 효과적으로 활용하려면 어떻게 해야 할까?

2015 광주유니버시아드 대변인 시절의 일이다. 당시 한국에서는 메르스(MERS)가 빠르게 확산되며 대회 개최 자체가 무산될 수 있다는 우려가 현실로 다가오고 있었다. 이미 전 세계 만여 명의 선수단이 참가 신청을 마친 상황이었다.

하루는 한 외신 기자가 대회 개최 가능성과 안전 대책을 놓고 민감한 질문을 던졌다. 순간 브리핑룸의 공기가 무겁게 가라앉았고 모두의 시선이 단상으로 쏠렸다. 나는 잠시 숨을 고른 뒤 조심스럽게 입을 열었다.

"그 사안은 현재 파악 중이며, 확인되는 대로 즉시 말씀드리겠습니다."

분위기가 격해지지 않을까 숨을 죽이던 취재진은 이내 차분히 자리를 잡았고, 팽팽하던 브리핑룸의 긴장도 서서히 풀리기 시작했다. 확인되지 않은 정보를 성급히 해명했다가는 불필요한 논란을 키울 수 있는 상황이었다. 짧은 침묵이 시간을 벌어준 덕분에 그날 브리핑은 무사히 마무리될 수 있었다.

고대 그리스의 철학자 피타고라스는 "침묵하라. 아니면 침묵보다 더 가치 있는 말을 하라"라며 불필요한 말을 버릴 것을 권고했다. 말실수가 잦은 사람이라면 반드시 새겨들어야 할 대화의 원칙이다. 실제로 노련한 리더들은 이러한 침묵의 기술을 적극 활용한다. 특히 요즘 같은 디지털 시대에는 부적절한 말 한마디가 음성이나 영상으로 '박제'될 수 있기에 더욱 주의가 필요하다.

침묵은 선을 넘는 사람을 대할 때도 강력한 무기가 된다. 몇 년 전 집중 호우로 급하게 집수리를 맡긴 일이 있었다. 그런데 작업 도중 현장 소장이 갑작스럽게 추가 비용을 요구하는 게 아닌가. 누가 보더라도 명백한 바가지였다. 나는 즉각 작업을 중단시키고 그의 눈을 뚫어지게 바라보았다. 1초, 2초, 3초… 침묵이 길어지자 그는 하나둘 변명을 늘어놓더니 결국 원래 견적대로 일을 마무리해주었다. 백 마디 말보다 한 번의 침묵이 강한 힘을 발휘한 순간이었다.

침묵은 상대의 관심을 촉발하기도 한다. 경연 프로그램 우승자 발표를 앞두고 사회자가 잠시 뜸을 들이면 청중은 '어, 뭐지? 무슨 문제라도 있나?' 하며 다음에 무슨 말이 나올까 잔뜩 귀를 기울이게 된다. 이러한 '잠깐 멈춤'은 말에 무게를 더해주고 메시지가 강하게 전달되도록 돕는다.

침묵은 위로의 순간에도 강력한 힘을 발휘한다. 존스홉킨스대학 정신의학과 교수 애덤 캐플린은 슬픔에 빠진 사람에게 해서는 안 되는 말로 다음과 같은 표현을 꼽았다.

"무슨 심정인지 이해가 가."

"힘내. 긍정적으로 생각하면 다 이겨낼 수 있을 거야."

"그만하길 정말 다행이야."

이런 말들은 섣부른 조언이나 어설픈 위로처럼 들려 오히려 상처가 될 수 있다. 이때 진심 어린 침묵은 큰 위로가 된다. 상대를 지그시 바라보며 가볍게 고개를 끄덕여보자. 때로는 대답조차 필요 없다. 마음을 담은 침묵은 믿음과 신뢰를 전달하고 당신에 대한 호감을 크게 높여줄 것이다.

불필요한 말은 관계를 악화시키고 당신에 대한 신뢰도를 반감시킨다. 자칫 독선적이고 소통이 어려운 사람으로 보일 위험도 있다. 인간관계에 어려움을 느끼고 있는가? 그렇다면 먼저 자신의 언어 습관을 차분히 되돌아보자. 어쩌면 당신은 너무 많은 말을 하고 있을지도 모른다.

Point

적재적소에 침묵을 활용하라. 당신의 말에 더욱 힘이 실릴 것이다.

대화에 깊이를 더하는 눈맞춤

'눈맞춤'이라는 단어를 떠올리면 왠지 모르게 마음이 설레고 얼굴이 붉어지는 듯한 기분이 든다. 아기를 바라보는 엄마의 눈에는 깊은 사랑이 담겨 있고, 서로를 마주보는 연인들의 시선에서는 강렬한 끌림이 느껴진다. 눈에 넣어도 아프지 않을 손주를 바라보는 할아버지와 할머니의 눈빛에는 시간이 흘러도 변치 않을 사랑과 다정함이 깃들어 있다. 말 한마디 없이도 마음이 전해지는 뭉클한 순간들, 그 중심에는 언제나 눈맞춤이 있다.

"마음은 눈을 통해 드러난다"라고 했던 키케로의 말처럼, 눈맞춤은 인간에게 매우 중요한 소통 방식이다. 인간은 눈을 통해 상대의 감정을 읽어내며, 단 한 번의 눈빛만으로도 상대를 끌어당기거나 멀어지게 한다. 그렇다면 눈맞춤은 우리의 일상에서 어떤 의미를 가지고 있을까? 우리는 눈맞춤을 통해 무엇을 얻을 수 있을까?

상대와의 유대감을 증진시킨다

우리는 경청할 때 상대의 눈을 지그시 바라본다. 이는 '당신에게 집중하고 있어요', '신경 쓰고 있어요'라는 메시지로 유대감을 키우는 데 큰 도움이 된다. 실제로 사회심리학자들의 연구에 따르면 시선을 자주 주고받는 부부나 친구일수록 신뢰 수준이 높고 서로의 감정을 잘 이해한다고 한다. 특히 요즘처럼 비대면 소통이 일상화된 시대에는 직접 눈을 마주하는 짧은 순간이 깊은 교감의 불씨가 될 수 있다.

사람들 앞에서 발표할 때도 마찬가지다. 특정한 사람에게

만 시선을 주면 다른 이들은 외면당했다거나 무시당했다는 느낌을 받을 수 있다. 실제로 한 학회에서 일부 참석자에게만 눈길을 보내던 교수가 있었는데, 사람들은 금세 흥미를 잃고 요약집만 들여다보았다. 나 또한 그러한 이유로 강연이나 사회를 볼 때 의식적으로 모든 청중과 눈을 맞추려 노력한다. 마음을 주고받는 순간의 중심에는 언제나 눈맞춤이 있음을 잊어서는 안 된다.

상대에게 신뢰감을 준다

눈맞춤은 신뢰의 척도가 되기도 한다. 지금까지의 경험으로 미루어보면 어딘가 켕기는 구석이 있는 사람은 눈을 똑바로 쳐다보지 못했다. 정직하지 않은 방법으로 무언가를 알아내려는 이들 역시 흘끔흘끔 곁눈질을 했다. 거짓말하는 사람에게 "눈 똑바로 보고 얘기해!"라고 말하는 것이나, 연인들이 눈을 보며 사랑을 확인하는 모습은 눈맞춤이 신뢰감 형성에 매우 큰 역할을 한다는 것을 보여준다.

비즈니스 영역에서도 눈맞춤은 중요하다. 눈맞춤을 어떻게 하느냐에 따라 신뢰도가 달라지고 때로는 일의 성패가 결정되기 때문이다. 사람들은 눈빛에서 진정성을 읽어내며, 시선을 피하면 좋지 않은 인상을 남길 수 있다. 특히 서구권에서는 시선 회피가 거짓이나 예의 없는 행동으로 여겨질 수 있으므로 국제 업무를 하는 경우에는 한층 각별한 주의가 요구된다.

물론 누군가의 얼굴을 빤히 쳐다보는 것은 금물이다. 의도와는 달리 공격적이고 위압적인 태도로 비칠 수 있기 때문이다. 특히 눈을 뚫어지게 바라보는 행동은 도전적인 인상을 주어 상대의 심기를 불편하게 할 수 있다.

미국의 커뮤니케이션 전문가 버트 데커는 상대방의 이야기에 관심이 있다는 것을 표현하는 데는 단 5초면 충분하다고 말한다. 그것이 하나의 생각이나 문장을 완성하는 데 걸리는 시간과 같기 때문이다. 이야기가 길어진다면 중간중간 시선을 살짝 떨어뜨리거나 주변으로 돌린 뒤 다시 바라보는 것이 좋다. 위로는 상대의 두 눈을 잇는 선, 아래로는 가슴

부위, 옆으로는 어깨까지의 범위 안에서 시선을 유지하면 자연스럽게 주목하는 인상을 줄 수 있다.

그렇다. 눈을 마주보는 행위는 단기간에 유대감과 신뢰감을 끌어올리는 중요한 커뮤니케이션 수단이다. 어색하더라도 시선을 회피하지 말고 눈맞춤과 미소를 적절히 활용해 대화를 이어가라. 상대는 어느새 마음의 문을 열고 당신에게 한 걸음 더 다가와 있을 것이다. 눈맞춤은 깊은 교감의 문을 여는 소통의 첫걸음이다.

Point

눈맞춤은 대화를 더욱 깊고 배려 있게 만드는 연결고리다.

말을 잘하려면
마음가짐이 우선이다

우리는 흔히 말을 잘하는 사람을 보면 '원래 잘하는 사람'이라고 생각해버리는 경향이 있다. 하지만 말하기 능력은 선천적인 것이 아니라 연습과 태도의 변화로 충분히 발전시킬 수 있는 영역이다.

특히 태도는 말을 잘하기 위해 꼭 고민해야 할 요소다. 말솜씨란 단순히 유창하게 이야기하는 것이 아니라 상대가 이해하기 쉽게 전달하는 능력이기 때문이다. 긍정적이고 자신감 있는 태도로 말하면 대화의 흐름이 자연스러워지고 듣는 이에게 '말 잘하는 사람'이라는 인상을 줄 수 있다. 이 글에서는 말을 잘하기 위한 마음가짐과 구체적인 실천 방안을 살펴보고자 한다.

긍정적인 마음이 대화의 시작이다

'말이 씨가 된다'라는 옛말처럼, 우리의 말은 행동과 태도에 큰 영향을 미친다. 평소에 긍정적인 표현을 습관처럼 사용하면 자연스럽게 밝고 긍정적인 분위기를 만들 수 있다. 다음 사례를 보자.

- 아이고, 힘들어 죽겠다! (x)
- 그래도 이 정도면 할 만하네. (o)

- 아, 또 실수했어. 난 왜 이럴까? (x)
- 이번에 실수했으니 다음엔 더 잘할 수 있겠어. (o)

이처럼 같은 상황에서도 표현을 바꾸면 마음가짐이 달라진다. 긍정적인 말은 말하는 사람과 듣는 사람 모두에게 긍정적인 영향을 줄 수 있다.

얼마 전 교회 반주 봉사를 하러 갔다가 주차장 문이 잠기는 바람에 차를 못 빼게 된 적이 있다. 하필 몇 주 전 같은 장소에서 범퍼가 심하게 파손된 일이 있었던 터라 힘이 쏙 빠지는 기분이었다. 그때 옆에 있던 지인이 내 이야기를 듣고는 웃으면서 이렇게 말했다.

"어머, 정말 속상하셨겠네요. 그 대신 다른 좋은 일이 생길 거예요."

어떻게 그런 심각한 이야기를 들으면서도 긍정적인 생각을 할 수 있었을까? 그녀의 한마디에 갑자기 마음속 안개가 걷히는 듯했다.

반면 어떤 사람은 안부 전화를 드리면 늘 "힘들다", "그저 그렇다"로 시작해 듣는 이의 기분을 무겁게 가라앉힌다. 형식적으로는 대화를 마무리하더라도 그런 대화가 반복되면 다시 연락하고 싶은 마음은 점점 줄어들기 마련이다. 긍정적인 마음가짐을 위해 다음 방법들을 실천해보자.

- 말 습관 바꾸기: "때문에" 대신 "덕분에" 같은 표현을 사용하면 감사의 마음이 더욱 커진다.
- 긍정적인 사람과 어울리기: 밝은 사람 곁에 있으면 자연스럽게 그들의 에너지가 전해진다.
- 감사일기 쓰기: 매일 3가지 감사한 일을 적어보자. 연구에 따르면 감사일기는 실제로 행복감과 긍정적인 태도를 높이는 데 큰 효과가 있다.

실수를 두려워하지 않는 마음

많은 사람들이 말을 할 때 실수를 두려워한다. 하지만 실수는 나쁜 것이 아니라 오히려 성장의 기회다. 중요한 것은

실수를 자연스럽게 받아들이는 태도다. 다음 조언들을 참고
해보자.

- 실수를 성장의 기회로 받아들여라. 무엇이 잘못됐는지 돌아보고 개선점을 생각해보라.
- 자신에게 너그러워져라. 완벽한 사람은 없다. 실수를 통해 배우고 성장하는 것은 자연스러운 과정이다.
- 자신에게 긍정적인 말을 건네라. 비난 대신 격려의 말을 건네면 자신감을 회복할 수 있다. 신뢰할 수 있는 사람에게 지지를 받는 것도 좋은 방법이다.

발표 전 거울을 보며 "실수해도 괜찮아, 넌 잘할 수 있어"
라고 스스로에게 말해보자. 심리학에서는 이를 '자기 효능감'
이라 하며, 이러한 믿음은 뇌의 이성적인 부분을 활성화시켜
긴장을 완화하고 논리적인 말하기를 돕는다.

결국 말을 잘한다는 것은 자신감, 태도, 심리적인 요소가

함께 작용하는 종합적인 능력이다. 긍정적인 태도와 마음가짐으로 작은 습관부터 바꿔보자. 당신의 말하기 능력은 자연스럽게 향상될 것이다.

4

CHAPTER

당신의 가치를 높여주는
대화의 기술

✽

기적을 부르는
사랑의 말 한마디

최근 한국어가 외국인이 배우고 싶어 하는 언어 순위 7위에 올랐다는 소식을 접했다. K팝과 K드라마의 인기에 힘입어 대한민국은 더 이상 '변방의 먼 나라'로 불리지 않는다. 불과 20여 년 전만 해도 지도에서 우리나라를 찾기 어려워하던 사람들이 이제는 한국어를 배우고 K컬처를 즐기며 우리의 일상 속으로 자연스럽게 스며들고 있다. 참으로 놀라운 일이 아닐 수 없다.

하지만 전 세계가 우리나라를 주목하는 지금, 과연 우리는 이들을 얼마나 따뜻하게 맞이하고 있을까. 무심코 내뱉은 말 한마디, 편견이 묻어난 말 한마디가 누군가에게는 깊은 상처로 남을 수 있다는 사실을 우리는 종종 간과하고 있는 듯하다.

오늘날 전국의 농어촌과 공장, 건설 현장 곳곳에는 50만 명이 넘는 이주노동자들이 땀 흘려 일하고 있다. 베트남, 우즈베키스탄, 필리핀, 미얀마 등 국적도 다양하다. 그러나 이들이 마주하는 차별과 부당한 대우는 지금도 여전히 현재진행형이다.

얼마 전 한 공장에서 스리랑카 출신의 20대 이주노동자가 괴롭힘을 당하는 영상이 공개돼 사회적 공분을 불러일으킨 일이 있었다. 피해자는 공중에 매달린 채 동료들의 조롱과 폭언을 들어야 했고 이후에도 지속적인 괴롭힘에 시달렸다고 한다. 이런 뉴스를 접할 때마다 뮤지컬 〈빨래〉 속 "아파요, 돈 줘요, 때리지 마세요"라는 대사가 더는 무대 위의 이야기만은 아니라는 사실을 실감하게 된다.

그렇다면 이들이 한국 사회에 잘 적응하고 대한민국을 궁정적으로 바라보게 하는 데 있어 가장 중요한 요소는 무엇일까. 그것은 다름 아닌 우리의 태도와 따뜻한 말 한마디다.

박사 논문을 준비하던 시기, 국내에 거주하는 외국인 650여 명을 대상으로 설문조사를 진행한 적이 있다. 한국 생활에서 가장 큰 영향을 준 요소를 묻자 가장 많은 응답은 '따뜻한 태도'였다. 결국 사람의 마음을 움직이는 것은 거창한 제도가 아니라 말과 행동이라는 사실을 다시 한번 확인할 수 있었다.

내게는 조금 특별한 네팔인 친구가 있다. 그는 한국 유학 시절 한국인들에게 받은 도움을 마음에 품고, 현재는 히말라야 산간 마을 땅띵에서 중학교 교장으로 일하고 있다. 그가 오래도록 기억하는 것은 거창한 조언이 아니라 일상 속에서 건네받았던 사소한 말들이었다.

"고생이 많죠? 여기서 좋은 추억 많이 만드세요."
"행복한 하루 되세요."

오늘날 우리나라가 선진국으로 불리게 된 것은 결코 우리 힘만으로 이룬 성취가 아니다. 6·25 전쟁의 참혹한 폐허 속에서 '한강의 기적'을 이룩할 수 있었던 배경에는 국제사회의 아낌없는 지원이 있었다. 이제는 우리가 받은 그 도움의 손길을 세상에 되돌려줄 차례다. 먼 타국에서 온 이주민들에게 친절하게 대하고 기꺼이 도움의 손길을 내미는 것. 그것이 우리가 받은 사랑을 되갚는 하나의 방법이 아닐까 싶다.

남수딘 출신 의사 토미스 티반 아콧. 그 역시 그런 도움을 직접 받은 인물이다. 그는 톤즈에 찾아온 이태석 신부의 헌신적인 사랑을 보며 의사의 꿈을 키웠고, 그 꿈은 한국에서 현실이 되었다. 최근 전문의가 된 그는 자신의 선택을 이렇게 말한다.

"모든 것이 신부님의 사랑 덕분입니다."
"이제 고국으로 돌아가 대한민국에서 배운 의술로 환자들의 생명을 구하고 싶습니다."

이 말 속에는 단순한 감사의 말이 아니라 또 다른 누군가의 삶으로 이어지고 싶다는 의지가 담겨 있다. 우리는 그의 말에서 사랑이 한 사람의 미래를 바꾸고 그 꿈이 다시 새로운 미래로 이어질 수 있음을 볼 수 있다.

변화는 거창한 계획에서 시작되는 것이 아니다. 누군가에게 건네는 진심 어린 말 한마디, 작은 사랑의 말 한마디가 때로는 기적이 된다. 혼자만의 힘으로 살아가기 힘든 글로벌 시대에 우리에게 필요한 것은 서로의 다름을 이해하려는 마음과 그 마음을 전하는 말이다. 그 사랑의 문화 속에서 인류는 서로를 배려하며 평화를 위해 한 걸음씩 나아가야 하지 않을까.

Point

다른 배경을 지닌 사람과 대화할 때는 열린 마음으로 상대를 존중하라.

긍정의 말
성공의 말

DREAMISNOWHERE

며칠 전 카카오톡 메시지를 확인하다 순간 손끝이 멈칫했다. 당신은 이 문장을 어느 부분에서 끊어 읽겠는가?

컵에 담긴 물을 보고 "어머, 물이 반밖에 안 남았네" 하는 사람과 "물이 아직 반이나 남았네" 하는 사람이 있는 것처럼, 이 문구는 읽는 사람의 마음이 어느 쪽으로 향하느냐에 따라 'Dream is no where'(꿈이 어디에도 없다)로 보일 수도 있고 'Dream is now here'(꿈이 지금 여기에 있다)로 보일 수도 있다.

이러한 관점의 차이는 사소해 보이지만 직장이나 사회생활, 나아가 인생의 많은 부분을 결정짓는다. 성공하는 사람과 실패하는 사람이 여기서 나뉜다고 봐도 과언이 아니다. 특히 불평불만이 가득한 사람은 부정적인 사고부터 하는 경향이 있어 작은 일에도 투덜거리기 일쑤다.

"또 비 소식이야? 안 그래도 힘든데 왜 날씨까지 이 모양이지?"

"아이고, 음식이 왜 이렇게 늦게 나오는 거야! 배고파 죽겠는데."

불평불만은 모두에게 마이너스다. 이런 사람들이 있는 곳에서는 부정적인 기운이 전염되기 쉽다. 무심코 내뱉은 불평불만은 주변 사람들에게 고스란히 전해진다. 어쩌면 그것은 다시 화살이 되어 당신에게 돌아올지 모른다.

캘리포니아주립대 정신의학과 교수 주디스 올로프는 이런 사람들을 '에너지 뱀파이어'라고 불렀다. 타인의 긍정적인 기운을 빨아들이는 이들을 흡혈귀에 비유한 것이다.

하지만 때로는 불평의 원인을 곰곰이 생각해볼 필요가 있다. 어떤 일이 발생했을 때 '이런 일이 생기는 데는 뭔가 깊은 뜻이 있을 거야'라고 생각해보거나 '혹시 문제가 나에게 있지는 않을까?'라고 질문을 던져보면 불만과 불평이 이해와 배려로 해석될 여지가 생긴다.

미국의 심리 전문가 다니엘 카시오포는 이처럼 생각을 바꾸는 것이 삶의 질에 극적인 영향을 미칠 수 있다며 긍정적 사고에 도움이 되는 7가지 팁을 제시했다.

- 부정적인 정보를 멀리할 것

- 매일 자신의 가장 훌륭한 모습을 떠올릴 것

- 긍정적인 언어 습관을 들일 것

- 감사일기를 쓸 것

- 자신의 마음을 바라보고 있는 그대로 받아들일 것

- **부정적인 생각이 어디에서 오는지 파악할 것**
- **긍정적인 생각을 하는 사람들과 어울릴 것**

브라질 리우 올림픽 펜싱 경기장. 박상영 선수와 헝가리 대표가 금메달을 놓고 마지막 승부를 벌이고 있었다. 상대의 매서운 공격에 스코어는 순식간에 10대 14. 한 점만 더 내주면 패배가 확정되는 벼랑 끝 상황이었다. 그 순간 카메라에 그가 혼잣말을 하는 모습이 포착되었다.

"할 수 있다. 할 수 있어…."

잠시 후 놀라운 일이 펼쳐졌다. 박상영 선수가 연달아 5점을 따내며 극적인 역전승을 거머쥔 것이다. 그는 경기 후 인터뷰에서 '나는 할 수 있다'라는 믿음이 승리를 이끌어냈다고 힘주어 말했다. 그랬다. 그날의 승리는 긍정의 힘이 만들어낸 하나의 기적이었다.

긍정적인 사고방식은 하루아침에 만들어지지 않는다. 부

정적인 태도와 습관이 계속해서 우리를 붙잡고 방해하기 때문이다. 만약 자신이 부정적인 생각이나 행동을 하고 있음을 깨닫게 되었다면, 그것들을 어떻게 긍정적으로 바라보고 바꿀 수 있을지 생각해보자. 성공을 향한 반전은 작은 변화에서 시작된다.

Point

불평불만 대신 긍정적인 말로 행복하고 성공적인 삶을 만들어가자.

가족 간 소통의 길을 여는
취미 대화법

"가족들과 하루에 얼마나 대화를 나누시나요?"

최근 한 기업이 가족 간 대화 실태를 주제로 설문 조사를 진행했다. 그런데 깜짝 놀랄 만한 결과가 나왔다. 전체 응답자 1,242명 가운데 65%가 하루에 한 시간도 대화를 나누지 않는다고 응답한 것이다. 가족과 떨어져 사는 경우 그 비율은 무려 89%에 달했다. 우리 사회에서 가족 간의 대화가 얼마나 단절되어 있는지를 보여준 조사 결과다.

실제로 여성의 사회 참여가 늘고 자녀들이 따로 시간을 보내는 경우가 많아지면서 가족과 함께 대화를 나누는 시간이 예전에 비해 훨씬 줄어든 듯하다. 특히 요즘은 모처럼 다 같이 모인 자리에서도 각자 말없이 스마트폰 화면만 들여다보는 사람이 많아졌다. 이들은 가족들과 의미 있는 대화를 나누기보다는 단체 채팅방에서 잡담을 나누거나 좋아하는 콘텐츠를 보며 시간을 보내곤 한다.

정서적 유대가 필요한 가족 관계에서 대화의 단절은 큰 사회 문제다. 구성원 간의 신뢰를 무너뜨릴 뿐 아니라 공동체로서의 의미 또한 퇴색시키기 때문이다. 가족들에게 이해받지 못한다는 생각에 극심한 스트레스나 우울증을 호소하는 사람들도 매년 증가하고 있다. 그렇다면 어떻게 해야 가족과의 관계를 보다 건강하게 만들어나갈 수 있을까?

가장 쉬우면서도 어려운 방법은 대화를 다시 시작하는 것이다. 함께할 수 있는 취미나 관심사를 찾으면 대화의 물꼬를 트는 데 큰 도움이 된다. 학교나 직장에서 동아리 활동을 통해 단결력과 협동심을 높이는 것처럼, 가족들과 좋아하는 일을 하다 보면 함께 웃고 이야기 나누는 시간이 쌓이면서 신뢰와 친밀감이 깊어질 수 있다.

나는 전공자는 아니지만 어릴 때부터 피아노와 기타를 연주하며 아마추어 음악인으로 활동해왔다. 부모님 덕분에 집에서는 늘 음악이 흘러나왔고, 성당 사람들과 이웃들은 종종 우리 집을 찾아와 음악을 감상하곤 했다. 말하자면 음악은 사람들과 소통하고 관계를 맺게 해준 소중한 자산이었다. 내가 자녀에게 남겨줄 수 있는 삶의 선물 가운데 하나로 음악을 선택한 것은 어쩌면 당연한 결과였는지 모른다.

이렇게 몸에 밴 가족 문화는 결혼 후 다른 가족들에게도 자연스럽게 전해졌다. 남편과 아이들 또한 남다른 애정으로 악기를 배웠으며, 지금도 우리 가족은 가족 음악회를 통해 꾸준히 봉사 활동을 이어나가고 있다. 음악은 개인의 삶을 풍부하게 만들어주기도 하지만 다른 사람들과 감동을 나누는 과정에서 더 큰 보람을 느끼게 한다.

한번은 음악회가 끝난 후 아이들이 이런 소감을 털어놓았다.

"연주회 자체보다 기획하고 준비해온 순간들이 더 기억에 남아요. 서로의 말에 귀 기울이며 의견을 조율했던 과정이 우리 가족을 더 끈끈하게 만들어 준 것 같았거든요."

음악은 우리 가족을 이어주는 각별한 연결 고리다. 그것은 또 다른 방식의 소통 수단이기 때문이다. 함께 멜로디를 주고받으며 악기를 연주하다 보면 서로의 마음과 감정을 이해할 수 있어 마치 실제로 대화를 나누는 듯한 느낌이 든다. 언어가 달라도 전 세계 사람들이 같은 곡에 공감할 수 있는 이유는 바로 음악의 이런 커뮤니케이션 효과 때문이 아닐까 싶다.

물론 가족들과 같은 관심사를 공유하는 것이 말처럼 쉬운 일은 아닐 것이다. 하지만 많은 노력과 시간을 들여서라도 '우리 가족만의 커뮤니케이션 수단'을 가져보기를 권한다. 운동이든 요리든 그 무엇이라도 좋다. 드라마를 보거나 산책을 하는 것도 좋은 방법이다. 사랑하는 사람들과 함께 시간을 보내고 추억을 공유하는 것. 그것이야말로 화목한 가족을 위한 소통의 숨겨진 본질임을 기억하자.

Point

사랑은 상대를 위해 기꺼이 자신의 시간을 내어주는 일이다.

처음부터
말 잘하는 사람은 없다

'어쩌면 저렇게 말을 재미있게 잘할까?'

'내용이 머리에 쏙쏙 들어오네!'

최근 인스타그램, 유튜브, 틱톡 등을 활용한 개인 방송이 활발해지면서 자기 표현에 능하고 말도 잘하는 사람들을 자주 접하게 된다. 아나운서나 스피치 강사처럼 전문적이지는 않지만 자신만의 감각과 스타일로 이야기를 풀어내는 이들도 많다. 다양한 어휘를 자연스럽게 구사하는 것은 물론 댓

글이나 반응에 맞춰 센스 있게 화제를 바꾸는 모습도 인상적이다.

물론 모든 사람이 말솜씨가 좋은 건 아니다. "저는 말주변이 없어요"라며 한발 물러서거나 "원래 말을 잘 못해요"라며 소극적 태도를 보이는 이들도 적지 않다.

하지만 처음부터 말 잘하는 사람과 못하는 사람이 정해져 있었을까? 사실 '처음부터'라는 말은 참 위험한 결론이다. 애초에 '안 된다'라는 고정관념으로 미래를 단정지어 버리면 앞으로 펼쳐질 가능성마저 닫아버릴 수 있기 때문이다.

영화 〈악마는 프라다를 입는다〉로 일약 스타가 된 배우 에밀리 블런트. 그녀는 어린 시절 심한 말더듬증을 겪었다. 자기 이름조차 더듬거리며 말했고, 교실에서 발표를 시킬까 불안해 늘 몸을 움츠린 채 지냈다. 그러던 어느 날 선생님이 그녀에게 연극 무대에 서보라고 권유했다. 처음에는 겁이 덜컥 났지만 무대 위에서 대사를 읊자 신기하게도 말이 막힘없이 흘러나왔다. 이 작은 경험은 블런트의 인생에 큰 전환점

이 되었다. 그녀는 끊임없는 연습으로 말더듬증을 극복해나
갔고, 오늘날 헐리우드를 대표하는 연기파 배우로 자리매김
하게 되었다.

실제로 연극 배우나 뮤지컬 배우들은 동일한 대사나 가사
를 수백 번씩 반복해 연습한다. 말이 입에서 자연스럽게 흘
러나올 만큼 완벽히 소화해야 감정을 오롯이 전달할 수 있기
때문이다.

말히기도 마찬가지다. 계속 하다 보면 분명 달라진다. "성
공은 매일 반복하는 작은 노력들이 모인 결과"라고 했던 작
가 로버트 콜리어의 말처럼, 작은 경험이 쌓이면 어색함은
어느새 익숙함으로 자리 잡게 된다.

나는 오랜 시간 스피치 관련 일을 해왔지만 지금도 발성
연습을 게을리하지 않는다. 목소리를 잘 내려면 몸이 건강해
야 하기에 일주일에 서너 번씩 운동하는 것도 잊지 않는다.
또한 얼굴이 경직되지 않도록 평소에도 자주 웃으며 다양한
표정을 짓는다. 이러한 의식적인 노력은 나에게 꾸준히 일할

수 있는 원동력이 되어주었다. 다른 사람들 앞에서 자신 있게 말하고 싶다면 아래 조언들을 참고해보자.

자신감 있게 말하기 위한 6가지 조언

- 긍정적으로 생각하라: 마음가짐이 말하기의 시작이다. 스스로의 장점을 믿는 것이 중요하다.

- 개성을 살려라: 화려하게 말하는 사람이 있는가 하면 담백하게 울림을 주는 사람도 있다. 자신의 스타일을 찾아보자.

- 청중과 소통하라: 말은 간결해야 이해하기 쉽다. 때로는 질문을 던져 청중의 이해도를 확인하라.

- 자세를 바르게 하라: 등을 곧게 펴고 미소를 지어라. 말에 힘이 실리고 호감도 높아진다.

- 깊게 호흡하라: 깊게 숨을 들이마시고 천천히 내쉬어라. 목소리가 안정되는 것은 물론 긴장 또한 완화된다.

- 말하는 모습을 점검하라: 녹음이나 녹화로 발음, 억양, 속도를 점검하라. 잘못된 습관을 효과적으로 개선할 수 있다.

심리학 전문 매체 《사이콜로지 투데이》에 따르면 네 명 중 세 사람은 발표에 두려움을 느낀다고 한다. 사람들 앞에서 느끼는 불안감이 그만큼 크다는 의미다. 하지만 단순히 두렵다는 이유만으로 불편한 상황을 회피한다면 삶을 풍요롭게 만들 소중한 기회를 놓치게 될지도 모른다.

그러므로 실수를 두려워하지 말고 주어진 기회를 붙잡아야 한다. 장인(匠人)이 흙을 거듭 빚어 명품 도자기를 완성하듯, 반복과 연습은 자신감을 빚어낸다. 자신감이 쌓이면 말에 힘이 실리고, 그 힘은 신뢰로 이어진다. 그렇게 우리의 세계도 한층 더 확장된다.

Point ────────────────────────────

씨를 뿌려야 열매가 열리듯, 말을 잘하는 데도 노력이 필요하다.

말꼬리를
흐리지 마라

"이번 주말에는 일정이 있어서⋯."

"글쎄⋯ 뭐, 괜찮을 것 같긴 한데⋯."

대화를 할 때 습관적으로 말꼬리를 흐리는 사람이 있다. 이런 사람들은 자신의 의도와는 무관하게 소극적이고 수동적이라는 인상을 준다. 정확한 의사 전달이 어렵다 보니 소통 과정에서 크고 작은 오해를 낳기도 한다.

가장 문제가 되는 영역은 사회생활이다. 말끝을 흐리는

습관은 신뢰도와 평판에 직접적인 영향을 미친다. 당신이 부하 직원라면 중요한 회의에서 말끝을 흐리는 상사를 믿고 따를 수 있겠는가? 당신이 고객이라면 우물쭈물 말하는 영업 사원의 상품을 선뜻 구매할 수 있겠는가? 아마 '그렇다'라고 답할 사람은 그리 많지 않을 것이다.

실제로 취업 포털 사이트 '사람인'에서 실시한 설문 조사에 따르면 인사 담당자의 63%가 지원자의 소극적인 말투를 감점 요인으로 꼽았다. 그중에서도 말끝을 흐리는 지원자에게 불이익을 주겠다는 비율은 무려 47.6%에 달했다. 무의식적으로 나오는 말투가 새롭게 시작하는 인생의 걸림돌이 될 수 있다는 말이다. 그렇다면 말끝을 흐리지 않고 자신의 생각을 분명하게 전달하려면 어떻게 해야 할까?

말할 내용을 충분히 숙지하라

"사람들이 다들 좋다고는 하던데…."
"그 부분은 아직 못 알아봤는데…."

말끝을 흐리는 태도는 전하고자 하는 내용을 충분히 숙지하지 못해 비롯되는 경우가 많다. 일종의 자신감 결여 현상이라고 할 수 있다. 자신에게 말끝을 흐리는 습관이 있다면 사전에 해당 주제에 대한 정보를 정확히 파악하는 연습을 해보자. 말할 내용을 메모장에 미리 적어보는 것도 큰 도움이 된다. 내용에 익숙해지고 자신감이 붙으면 말끝을 흐리는 빈도가 확연히 줄어들 것이다.

되도록 짧고 완전한 문장으로 표현하라

말을 할 때는 문장의 길이를 되도록 짧게 줄일 필요가 있다. 문장이 길어지면 기억에 남지 않을뿐더러 요점이 쉽게 흐려지기 때문이다. 자칫 상대를 혼란에 빠뜨릴 수도 있다. 짧고 명확하게 말하기 위해서는 다음과 같은 사항을 숙지해두는 것이 좋다.

■ 키워드를 중심으로 말한다.

- 의미 없이 중복되는 표현은 사용하지 않는다.

- 불필요하게 어려운 표현은 자제한다.

또한 말을 할 때는 완전한 문장으로 마무리해야 한다. 어미의 활용이 다양한 한국어는 이 점이 특히 중요하다. 끝까지 듣지 않으면 '입니다'인지 '아닙니다'인지, '일까요'인지 '일 수도 있어요'인지 알 수 없기 때문이다. 다음과 같이 필요한 부분만 간결하게 표현하면 훨씬 더 당당하고 자신감 있게 보일 것이다.

- 좋지 않은 사례: 어제 말씀하셨던 프로모션... 지금 알아보고 있긴 한데 어떤 제품으로 하는 게 좋을지... 아직 정해지지 않아서... 그리고 디자이너도 지금 휴가 중이라....

- 좋은 사례: 어제 말씀하셨던 프로모션은 일주일 더 기한을 주셔야 할 것 같습니다. 어떤 제품을 광고할지도 안 정해진 데다 디자이너도 휴가 중이라서요.

결론을 서두에 배치하라

세계적인 리더십 컨설턴트 고구레 다이치는 요점을 정확하게 전달하려면 결론부터 밝히라고 강조한다. 설명이 길어지다 보면 맥락에서 벗어나 횡설수설하게 된다는 것이다. 먼저 핵심을 내세운 뒤 구체적인 근거를 제시하자. 그렇게 하면 말하는 이와 듣는 이 모두 대화의 흐름을 반듯하게 이어갈 수 있다.

우물쭈물 망설이는 듯한 말투는 어딘가 소심하고 준비가 부족하다는 인상을 남긴다. 말꼬리를 흐리지 말고 명쾌하게 말해보자. 적극적이고 유능하게 보일 뿐 아니라 일과 대인 관계에서 훨씬 만족스러운 성취를 얻게 될 것이다.

Point ───────────────────────────────

완전한 문장으로 마무리하라. 한결 다부진 인상을 남길 수 있다.

때로는
말보다 글로 마음을 전하라

언젠가 방 안에서 짐 정리를 하다가 편지 묶음을 발견한 적이 있다. 부모님이 결혼 전 여러 해에 걸쳐 주고받은 연애편지였다. 편지에는 말로 다 전하지 못한 마음이 한 편의 서정시처럼 아련하게 담겨 있었다. 자주 만나지 못하는 상황에 대한 아쉬움과 서로를 향한 그리움도 가득했다. 한 통의 편지를 보내기 위해 얼마나 쓰고 지웠을지, 그 정성 어린 글을 받기 위해 얼마나 설레었을지 생각하니 미소가 지어지고 가슴이 뭉클해졌다.

문득 출장길 비행기 안에서 본 〈행복을 전하는 편지〉라는 영화가 떠올랐다. 북유럽 발트해 연안 어느 마을 우체국. 세 명의 집배원이 저녁 식탁에 모여 앉아 손편지에 얽힌 이야기를 나누는 장면은 마치 아득한 흑백 영상 시절로 돌아간 듯 깊은 인상을 남겼다. 한 집배원은 이렇게 말한다.

"우리는 문자, 이메일, 휴대전화 덕분에 편리하게 살게 됐지만 이런 것들이 편지를 대신할 수는 없어. 편지에는 입 밖으로 쉽게 꺼내지 못하는 각별한 사연들이 담기게 되거든."

요즘 같은 디지털 시대에도 손글씨와 편지는 많은 이들의 사랑을 받고 있다. 캘리그래피나 필사를 다룬 책들이 꾸준히 출간되는가 하면, 편지지나 엽서만을 전문적으로 다루는 문구점도 생겨났다. 이모티콘으로 감정을 대신하고 스마트폰으로 언제든 메시지를 주고받을 수 있게 되었지만 진심이 담긴 손글씨의 감성은 좀처럼 대체되지 않는 듯하다.

사람들은 진심을 전하고 싶을 때 편지를 쓴다. 퇴사하는

동료에게 감사와 위로의 마음을 담아 손편지를 전하는 것이
나 물의를 일으킨 공인이 자신의 SNS에 자필 사과문을 올
리는 것은 모두 글을 통해 진정성을 전하려는 의도가 숨겨져
있다. 말로 표현하기 어려운 감정일수록 글은 진심을 전하는
좋은 수단이 된다.

우리나라에도 소개된 크리스 옌들 부녀의 사연은 손 편지
가 지닌 아름다움을 잘 보여준다. 옌들은 학교에서 따돌림
으로 힘들어하던 딸 에디슨에게 하루도 빠짐없이 편지를 썼
다. 4년 동안 쓴 편지의 수는 무려 690장에 이르렀다. "너에
게는 누군가를 행복하게 하는 힘이 있단다", "너는 보석이란
다" 같은 문장이 담긴 편지는 아이의 마음을 다시 일으켜 세
웠고, 에디슨은 곧 예전의 밝은 모습을 되찾을 수 있었다.

우리나라 사람들은 가까운 이에게 마음을 드러내는 것을
멋쩍어하는 경향이 있다. 실제로 방송에서 영상 편지를 부탁
하면 잔뜩 긴장하거나 "쑥스러워서 못하겠어요"라고 말하는
출연자들이 적지 않았다. 하지만 마음은 표현해야 드러나는

법이다. 말로 하는 것이 어렵다면 글로 표현해보자. 한 글자씩 꾹꾹 눌러 쓴 편지는 애틋한 감정을 전하고 관계를 더욱 끈끈하게 만들어 줄 것이다. 나 역시 특별한 날에는 가족들과 카드를 주고받는데 '고맙다', '사랑한다'와 같은 표현들을 통해 서로의 진심을 느낄 수 있다. 이러한 편지는 서로를 더욱 깊이 생각하게 하는 계기가 될 수 있다.

편지는 손이 많이 가는 만큼 글쓴이의 세심한 배려와 진정성이 느껴질 수밖에 없다. 언제 어디에서 쓰였을지 상상할 수 있어서 기억에도 훨씬 오래 남는다. 진심을 전하고 싶다면 종이와 펜으로 마음을 옮겨보자. 상대는 당신을 더욱 각별한 존재로 기억할 것이다.

Point

편지는 흥분한 마음을 가라앉히고 감정을 정리하는 데도 도움이 된다.

효과적인 대화를 돕는
메모의 기술

프로젝트를 진행하다 보면 업무 흐름을 빠르게 파악해 능숙하게 처리하는 사람이 있는가 하면, 어디서부터 손을 대야 할지 몰라 닥치는 대로 일을 벌이는 사람도 있다. 이른바 '일머리 있는 사람'과 '일머리 없는 사람'의 차이다.

그런데 이들의 행동을 유심히 살펴보면 의외로 메모하는 습관에 차이가 있음을 알게 된다. 메모를 잘하는 사람들은 대체로 일정을 잘 관리하고 업무를 효율적으로 처리하는 반면 아무 곳에나 대충 적어 놓는 사람들은 잔 실수가 많고 업무에 차질을 일으키는 경향이 있다.

실제로 성공한 기업인들 가운데는 메모를 생활화한 사람들이 많다. 나이키의 전 CEO 마크 파커는 아끼는 수첩 없이는 결코 회의에 참석하지 않았으며, 버진그룹 회장 리처드 브랜슨은 매년 수십 권의 수첩을 바꿔 쓸 정도로 열정적인 메모광이었다. 빌 게이츠나 제프 베이조스 같은 빅테크 계의 거물들 또한 메모를 통해 자신의 아이디어를 정리하고 놀라운 성과를 이끌어냈다. 그렇다면 커뮤니케이션의 관점에서 메모는 어떤 이익을 가져다줄까?

생각을 체계적으로 정리할 수 있다

『메모의 재발견』의 저자 사이토 다카시는 메모를 습관화하면 요약 능력이 향상되고 중요한 정보를 쉽게 판별할 수 있다고 강조한다. 실제로 인간의 뇌는 중요한 정보는 오래 기억하는 반면, 불필요한 정보는 쉽게 잊어버린다. 아무리

유용한 정보라도 쓸모없다고 여겨지면 그대로 흘려보내는 것이다. 하지만 메모를 하면서 내용을 되짚어보면 의미 있는 정보를 선별하는 감각이 살아나고, 좋은 이유와 나쁜 이유를 보다 명확하게 구분할 수 있게 된다.

특히 메모에 제목을 붙여두면 매우 유용하다. 내용이 하나둘 쌓이다 보면 어디에 무엇이 있는지 기억하기가 점점 어려워지기 때문이다. 열심히 메모를 해놓고도 정작 필요할 때 제대로 꺼내 쓰지 못한다면 그보다 더 아쉬운 일도 없지 않겠는가?

커뮤니케이션을 위한 자양분이 된다

"데뷔한 지 수십 년이 지났지만 이 책 한 권이면 지금도 하루 종일 여러분을 배꼽 잡게 할 수 있습니다."

'뽀빠이' 이상용 씨가 과거 한 방송에 나와 했던 호언장담이다. 그의 빛바랜 노트에는 그동안 꼼꼼히 모아 정리한 아이디어들이 자신만의 약자와 상징으로 빼곡히 적혀 있었다. 이윽고 그가 에피소드 하나를 소개하자 여기저기서 쿡쿡 웃음이 터져나왔다. 그만의 비책과도 같은 레퍼토리의 진가가 드러나는 순간이었다.

나 역시 원고를 쓰거나 강의를 할 때 미리 정리해둔 노트를 활용한다. 다양한 내용을 조금 더 효과적으로 전달할 수 있어서다. 특히 골프, 피겨 스케이팅, 볼링 등 스포츠 중계방송을 할 때 메모가 큰 도움이 되었다. 선수들 이름이 나라마다 다른 데다 종목별 용어 또한 매우 상이했기 때문이다.

스포츠 중계는 대본이 따로 주어지는 것이 아니라 캐스터가 경기를 보면서 실시간으로 이끌어가야 하기에 선수나 경기에 대한 자료를 수집하고 메모하는 일이 매우 중요하다. 나는 평소에 정리해둔 자료 덕분에 몇 시간에 걸쳐 진행되는 생방송도 실수 없이 매끄럽게 진행할 수 있었다.

요즘에도 나는 지인들이 보내오는 좋은 글이나 아이디어를 그때그때 스크랩해 모아놓는다. 이렇게 정리해둔 내용은 대화를 매끄럽게 이어주는 윤활유가 되고, 다양한 상황에서 유용하게 활용할 수 있다. 뜻밖의 상황에서 생각지 못한 아이디어를 떠올리는 계기가 되기도 한다.

상대를 존중하는 마음을 표현한다

강연을 하다 보면 자연스레 청중의 반응에 신경을 쓰게 된다. 그들의 표정과 태도를 통해 내 말이 잘 전달되고 있는지, 교감이 이루어지고 있는지를 가늠할 수 있기 때문이다.

그럴 때마다 각별히 눈길이 가는 사람은 메모하는 사람이다. 무언가를 열심히 적고 있는 모습을 보면 '저 분들이 지금 내 이야기에 집중하고 있구나' 하는 생각에 힘이 나서 더욱 의욕적으로 강연에 임하게 된다.

메모는 상대의 말을 놓치지 않겠다는 의지의 표현이자 '당신의 이야기를 관심 있게 듣고 있습니다'라는 존중의 표시다. 이는 긍정적인 인상을 주고 대화를 보다 깊고 의미 있게 만든다. 상대가 내 말을 듣고 있다고 느끼면 조금 더 진지하게 대화에 임하게 되기 때문이다.

실제로 기업 미팅이나 인터뷰 현장에서 수첩을 꺼내 들면 상대는 목소리를 가다듬고 몸을 앞으로 기울이며 한층 정중한 태도를 보이곤 했다.

물론 메모에 꼭 종이와 펜이 필요한 것은 아니다. 우리에게는 스마트폰이 있기 때문이다. 나는 운동이나 샤워를 할 때 유독 아이디어가 잘 떠오르는데, 그럴 때마다 녹음 앱을 열어 바로 기록해둔다. 운전 중에는 블루투스 기능을 활용해

떠오른 생각을 간단히 남긴다. 요즘은 음성을 텍스트로 변환해주는 기능이 잘 되어 있어 편집도 간편하다. 주제별로 폴더를 만들거나 태그를 달아두면 필요한 내용을 쉽게 찾아볼 수 있다.

아직 메모가 익숙하지 않다면 최근에 다녀온 맛집이나 인상적인 대화, 재미있게 본 책이나 영화 등 소소한 것부터 적어보자. 간단한 단어나 기호, 음성 메모를 활용하는 것도 좋다. '나중에 또 생각나겠지' 하며 대충 넘어가지 말고 바로바로 남겨두는 것이 중요하다. 이러한 습관은 효과적이고 성공적인 대화의 밑거름이 되어줄 것이다.

Point

메모를 잘 활용하려면 주기적으로 다시 읽어보고 정리해야 한다.

말보다 강한 몸짓 언어의 힘

"표정 변화가 없어 대화하기 어려운 인상을 줍니다."

"시선 처리가 불안해 신뢰감이 떨어집니다."

인공지능(AI) 면접. 최근 몇 년간 수많은 취업준비생들을 당황하게 만든 새로운 면접 방식이다. 사람을 대신해 AI가 직접 지원자의 답변을 분석하고 평가하는 것이다. 실제로 한 인사평가 전문 기업에 따르면 삼성, LG, SK, 현대 등 국내 주요 대기업 그룹사들과 다수의 은행 및 공기업이 채용 과정에 이러한 방식을 적극 활용 중이라고 한다.

이때 지원자의 시선이나 표정은 결정적인 평가 요소가 된다. 얼굴 근육의 움직임을 실시간으로 분석해 응답자의 미세한 감정이나 태도를 읽고, 이를 바탕으로 사회성이나 업무 역량을 판단하기 때문이다. 기계에 의해 점수가 매겨지는 현실은 안타까웠지만, 이는 커뮤니케이션에서 비언어적 요소의 중요성이 더욱 커지고 있음을 보여주는 새로운 사례라고 할 수 있다. 그렇다면 이러한 비언어적 요소를 잘 활용하면 구체적으로 어떤 이점이 있을까?

감정을 효과적으로 전달할 수 있다

'오늘따라 표정이 밝네. 무슨 기분 좋은 일이라도 있나?'
'왜 자꾸 손을 만지작거리지? 내 말이 그렇게 재미없나?'

목소리만 듣고도 상대의 감정을 느낄 수 있는 것처럼, 아무리 무뚝뚝한 사람도 자세나 표정을 보면 화가 났는지 기분이 좋은지 금세 알아챌 수 있다. 그것이 말하는 사람의 기분과 태도를 그대로 전달하기 때문이다.

특히 강연처럼 수많은 사람들 앞에서 말해야 하는 상황에서는 발표자의 행동 하나하나가 태도와 열정을 평가하는 잣대가 된다. 가령 단상에 오를 때 허리를 꼿꼿이 세우고 빠른 걸음으로 나아가면 당당하고 적극적인 인상을 주지만, 종종걸음으로 슬그머니 올라서면 자신감이 없는 사람으로 비칠 수 있다.

또 시선을 한곳에만 고정하면 경직된 인상을 주는 반면, 입가에 살짝 미소를 띠고 청중을 두루 바라보면 소통하려는 마음이 전해져 한결 편안한 분위기 속에서 강연을 진행할 수 있다. 성악가들이 가슴을 활짝 펴고 노래하며 청중의 몰입을 이끄는 것처럼, 노련한 연설자들은 자세와 표정만으로 청중의 마음을 사로잡는다.

나 또한 이러한 비언어적 요소를 적극 활용한다. 다양한 표정과 눈빛으로 감정을 나누는가 하면, 강조해야 할 부분이 있을 때는 양팔을 좌우로 활짝 벌리거나 주먹을 불끈 쥐며 청중에게 깊은 인상을 남기곤 한다. 효과적인 의사소통은 이처럼 오감을 활용한 커뮤니케이션이 이루어질 때 비로소 완성될 수 있다.

성공적인 커뮤니케이션을 이끈다

몸짓 언어는 단순한 의사 전달 이상의 효과를 내기도 한다. 특히 비즈니스 미팅과 같은 공식적인 자리에서는 자세히나, 표정 하나가 당신의 이미지와 일의 성패를 좌우할 수 있다.

만약 중요한 미팅에서 상대가 비스듬히 앉아 턱을 괴고 있거나 팔짱을 끼고 있다면 당신은 어떤 기분이 들겠는가? 본인에게는 그럴 의도가 없더라도 거만하고 무례하다는 인상을 떨쳐내기 어려울 것이다.

반대로 몸을 앞쪽으로 조금 당겨 의자 끝에 살짝 걸터앉으면 겸손한 인상을 주고 당신의 이야기를 적극적으로 경청하고 있다는 메시지를 전달할 수 있다. 이어지는 대화 역시 원하는 방향으로 흘러갈 가능성이 높다.

　악수는 성공적인 커뮤니케이션을 이끄는 대표적인 몸짓 언어다. 하버드 경영대학원 교수 프란체스카 지노는 '악수의 효과'를 알아보는 실험에서 한 팀은 힘찬 악수 후에, 다른 한 팀은 악수할 겨를 없이 곧바로 협상을 진행하게 했다. 그 결과 악수한 팀이 악수하지 않은 팀보다 수익 분배와 정보 공유 면에서 더 공정한 협상 자세를 보였다. 이러한 몸짓 언어는 친밀함을 강화하고 비즈니스의 성공 확률을 높일 수 있으므로 적극적으로 활용하는 것이 좋다.

　표정도 중요하다. 밝은 인상은 상대에게 호감을 주고, 호감은 곧 기회로 이어지기 때문이다. 일본레이저 회장 곤도 노부유키는 "사람의 마음을 여는 데 미소만큼 확실한 방법은 없으며, 미소 역시 갈고닦아야 할 능력"이라고 말했다. 하루 종일 뚱한 얼굴을 하고 있는 사람과 서글서글한 눈빛으로 밝게 웃는 사람이 함께 있다면 당신은 누구에게 더 좋은 기회를 주고 싶겠는가?

심리학자 앨버트 메라비언은 사람의 인상이나 호감을 결정하는 데 비언어적 요소가 93%를 차지한다고 말했다. 이는 비언어적 요소가 커뮤니케이션에서 그만큼 중요한 역할을 한다는 의미다. 평소 자신의 모습을 의식하지 않았다면 지금부터라도 부드러운 미소를 지으며 자신 있는 태도를 보여주는 것은 어떨까? 상대는 마음을 열고 당신을 깊이 신뢰하게 될 것이다.

Point

대화를 나눌 때는 오감을 최대한 동원하라. 전달 효과가 배가된다.

밝고 명랑한 목소리가
성공을 이끈다

한 유명 언론사의 유튜브 채널에서 신입 기자 한 명이 생방송을 진행하게 되었다. 말끔한 얼굴과 단정한 옷차림을 보니 전임자처럼 밝고 활기차게 진행을 하겠구나 하는 생각이 들었다. 하지만 그녀는 기어들어가는 듯한 목소리로 느릿느릿 웅얼거리기 시작했다.

"안녕하세요, 시청자 여러분. 저는… 오늘부터 진행을 맡게 된 OOO입니다. 오늘의 주제는요….”

처음에는 시청자들도 '그럴 수 있지'라며 이해하는 반응을 보였다. 그러나 얼마 지나지 않아 실시간 채팅창은 그녀의 목소리를 지적하는 댓글로 가득 찼다.

'크게 좀 말씀해주세요. 잘 안 들려요 ㅠㅠ'
'진행을 너무 못하시네요.'
'답답해서 못 듣겠어요.'

기자의 얼굴에는 당황한 기색이 역력했다. 처음 출연한 방송에서 멋진 모습을 보여 주지 못했으니 실망감이 이만저만이 아니었을 것이다. 다행히 회차를 거듭할수록 목소리는 점점 안정적으로 변해갔지만, 그녀는 부정적으로 각인된 첫인상을 바꾸기 위해 엄청난 노력을 기울여야 했다.

목소리는 이처럼 한 사람의 이미지를 결정할 수 있는 중요한 요소다. 아무리 외모가 뛰어나도 목소리가 뒷받침되지 않으면 상대방에게 매력 없어 보일 수 있다. 반면 목소리가 좋은 사람은 다른 사람들로부터 긍정적 평가를 받을 수 있고, 경제적 성공을 비롯해 새로운 삶의 기회를 만들어 낼 가능성이 높아진다.

미국 듀크대학의 푸쿠아 경영대학원에서 실시한 연구에 따르면 남성들의 경우 어조나 말투가 연봉에 중대한 영향을 미치는 것으로 나타났다. 특히 저음의 깊은 목소리를 가진 CEO들이 그렇지 않은 CEO들보다 더 많은 수익을 창출하고 자리를 오래 유지할 수 있었다. 커뮤니케이션 분석 회사인 퀀티파이드 임프레션즈 또한 발표자를 평가할 때 '어떤 목소리로 말하는지'가 '무엇을 말하는지'보다 두 배 더 중요하다고 주장했다. 이러한 연구 결과들은 모두 목소리가 인생을 바꿀 수도 있음을 보여준다.

그렇다면 어떤 목소리를 좋은 목소리라고 할 수 있을까? 결론부터 말하자면 무게감 있고 적당한 빠르기의 목소리, 밝고 명랑한 목소리가 이에 해당된다. 이러한 목소리는 듣는 사람을 귀 기울이게 할 뿐 아니라 긍정적 이미지를 심어줄 수 있기 때문이다. 또한 당당한 느낌을 주어 협상에서 유리한 고지를 선점하고 성공적인 파트너십을 이끌어낼 수 있다. 실제로 성공한 여성 CEO들의 경우 공통적으로 활기찬 목소리를 가지고 있는 경우가 많았다. 이들의 목소리는 분위기를 부드럽게 만들고 신뢰감 있는 이미지를 만드는 데 큰 도움을 주는 것으로 나타났다.

반면 나쁜 영향을 주는 목소리도 있다. 미국의 유력 경제 일간지 《월스트리트저널》은 사람을 불편하게 만들 수 있는 목소리로 다음과 같은 목소리를 선정했다.

- 너무 큰 목소리

- 날카롭고 빠른 목소리

- 비음이 섞인 목소리

- 높낮이가 없는 단조로운 목소리

- 목을 긁는 듯한 거친 목소리

- 부자연스럽게 힘을 준 낮은 목소리

- 아기 같은 목소리

이러한 말투는 당신을 비호감으로 만들 가능성이 크다. 듣는 이의 집중력을 떨어뜨리는 것은 물론 불쾌감마저 줄 수 있다. 특히 대부분의 시간을 보내는 일터나 학교, 전문적인 역량을 요구하는 포럼이나 컨퍼런스 등에서는 이 같은 목소리가 마이너스 요인이 된다.

그렇다면 호감형 목소리는 어떻게 만들 수 있을까? 나는 자신의 목소리를 녹음해 들어보기를 적극 제안한다. 자기 목소리를 객관화해서 들을 수 있을 뿐 아니라 잘못된 말하기 습관을 교정할 때 큰 도움이 되기 때문이다. 실제로 많은 아나운서 아카데미와 스피치 학원에서 이러한 과정을 커리큘럼에 포함시키고 있다. 처음에는 자신의 목소리가 어색하게 들리고 잘 고쳐지지 않겠지만 반복해서 연습하다 보면 어떤 점이 부족한지, 어떤 부분을 개선해야 할지 알 수 있다. 여건이 된다면 전문가의 도움을 받아 호흡법을 개선하거나 후두 근육을 강화하는 훈련을 받아 보자. 예전보다 훨씬 더 똑부러진 목소리로 말할 수 있게 될 것이다.

목소리는 우리가 생각하는 것보다 훨씬 더 중요하다. 목소리 변화만으로도 자신감이 생기고 주변의 시선이 달라지기 때문이다. 나 역시 통화를 하다 보면 "목소리가 참 좋으시네요"라는 말을 종종 듣게 된다. 오랜만에 연락한 사람에게 '목소리로 기억하고 있다'라는 말을 들을 때도 있다. 아마도 오랜 기간 커뮤니케이션과 관련된 일을 해온 덕분이 아닌가 싶다. 이처럼 목소리는 상대에게 전하고 싶은 이미지를 만드는 첫걸음이 된다.

미래의 자산을 쌓는다는 심정으로 오늘부터 허리를 쭉 펴고 자신감 있게 말해보자. 밝고 명랑한 목소리는 당신의 말에 전달력과 설득력을 실어주고, 당신이 이루고자 하는 목표에 한 발짝 가까이 다가서도록 도와줄 것이다.

Point

밝고 명랑하게 말하라. 목소리는 당신을 소개하는 최고의 명함이다.

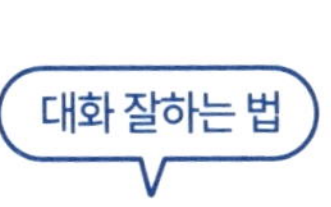

말에 힘을 실어주는
좋은 목소리의 비밀

목소리는 분명 타고나는 측면이 있지만 노력으로 충분히 개선할 수 있다. 호흡, 공명, 발음 같은 기본적인 발성뿐 아니라 말의 속도, 톤 조절, 그리고 목 건강 관리까지 전반적인 요소를 함께 신경 써야 한다.

이런 부분을 지속적으로 관리해주고 꾸준한 연습이 뒷받침되면 목소리는 시간이 지날수록 안정되고 듣기 좋은 방향으로 변화하게 된다. 지금부터 좋은 목소리를 내기 위한 방법들을 하나씩 살펴보도록 하자.

좋은 목소리를 내기 위한 발성법

나는 지금까지 자신의 목소리가 마음에 들지 않는다고 말하는 사람들을 많이 만났다. 이들은 조금만 말해도 목이 쉽게 상했고 가늘고 힘없는 소리를 냈다. 하지만 목소리의 질은 발성법을 연습함으로써 충분히 개선할 수 있다. 다음 다섯 가지 방법을 꾸준히 실천해보자.

- 복식호흡하기: 깊고 안정적인 호흡은 좋은 목소리의 출발점이다. 코로 숨을 천천히 들이마쉬며 배를 부풀린 뒤, 배에서 공기가 빠져나갈 때까지 "후우~" 하고 입으로 천천히 숨을 내뱉는다. 숨을 내쉴 때는 안정적인 속도로 일정한 호흡을 유지하는 것이 중요하다.

- 올바른 자세 유지하기: 자세가 틀어지면 소리도 거칠어진다. 말하기 전에 어깨를 돌리거나 턱을 살짝 내려 근육의 긴장을 풀어 주자.

- 또박또박 발음하기: 입을 크게 벌리고 모음(아, 에, 이, 오,

우)을 소리 내보자. 혀를 부드럽게 움직이며 '라라라', '타타타'같은 음절이나 '야, 여, 요, 유, 예'등의 복모음을 연습하면 발음이 더욱 매끄러워진다.

- 공명 느끼기: 가슴이나 머리에 손을 대고 "음~" 소리를 내며 진동을 느껴보자. 공명이 잘 되면 음량은 한층 풍부해진다.

- 물 자주 마시기: 건조한 목은 소리를 갈라지게 한다. 미지근한 물을 자주 마셔 목의 습도를 유지하자.

적절한 속도로 이야기하라

말의 속도는 전달력과 이해도를 좌우한다. 적절한 속도를 익히기 위해 다음 방법을 참고해보자.

- 자연스러운 속도 찾기: 너무 빠르면 발음이 뭉개지고, 너무 느리면 지루하고 부자연스럽게 들린다. 평소보다 1~2초 정도 느리게 말하는 것이 듣기 좋다.

- 호흡 공간 만들기: 긴 문장은 쉼표나 마침표에서 잠시 멈춰라. "오늘은, 몸 상태가, 아주 좋네요"처럼 끊어 말하며 속도를 조절해보자.

- 강약 조절하기: 중요한 단어는 천천히, 덜 중요한 부분은 빠르게 말하라. "저는 (보통) 이 일을 (느리게) 정말 (빠르게) 간-절히(느리게) 하고 싶습니다"처럼 연습해보자.

- 상대의 반응 살피기: 이해가 더디면 속도를 늦추고, 잘 따라오면 자연스럽게 리듬을 높인다.

- 발화 속도 점검하기: 초보자라면 초당 2~3음절로 시작하는 것이 좋다. 자신의 목소리를 녹음해서 들으면 발화 속도를 더욱 정확하게 확인할 수 있다.

좋은 목소리를 위한 건강 가이드

건강한 신체가 좋은 목소리를 만든다는 것은 재론의 여지가 없다. 자신의 몸 상태를 잘 살펴보고 적절한 방법으로 관리해주자.

- 스트레칭하기: 어깨와 가슴을 펴면 발성이 편안해지고 목소리가 맑아진다. 가벼운 요가나 전신 스트레칭을 습관화하자.

- 폐활량 늘리기: 복식호흡으로 들숨과 날숨을 조절하는 능력을 키우면 발성이 더욱 깊고 풍부해진다. 근력 운동이나 유산소 운동을 병행하면 폐활량이 증가해 힘 있고 안정적인 소리를 낼 수 있다.

- 식습관 관리: 과일과 채소로 수분을 보충하고, 카페인과 기름진 음식은 피하자. 과식은 트림을 유발하고 발성에 방해가 되므로 말하기 전에는 가볍게 먹는 것이 좋다.

- 충분한 수면: 수면이 부족하면 목소리에 힘이 없어진다. 하루 7~8시간의 숙면은 성대를 회복시키고 목소리의 안정성을 높인다.

- 적정 습도 유지: 실내 습도를 50% 안팎으로 유지하라. 가습기나 마스크를 활용하면 건조한 목을 보호하는 데 큰 도움이 된다.

처음에는 어색하고 어렵게 느껴질 수 있지만 꾸준히 연습하는 것이 매우 중요하다. 시간이 지날수록 당신의 목소리에는 자신감이, 말에는 자연스러운 힘과 신뢰가 깃들게 될 것이다.

AI 시대, 우리는 왜 여전히
대화를 필요로 할까

세상이 아무리 빠르게 변할지라도 변하지 않는 것이 있다. 눈을 마주치고, 한 박자 숨을 고른 뒤, 말을 건네는 순간. 그 짧은 시간 동안 우리는 상대를 살피며 마음을 열지 말지 결정한다.

요즘은 말이 넘쳐나는 시대다. 질문을 던지면 곧바로 답이 돌아오고, 정리된 문장과 깔끔한 요약이 손쉽게 주어진다. 하지만 그렇게 주고받은 말들 속에서, 우리는 얼마나 서로의 마음에 닿고 있을까. 말은 많아졌지만, 정작 이야기는 줄어든 것 같다는 생각이 들 때가 한두 번이 아니다.

대화는 기술이 아니다. 요령도 아니다. 그것은 무엇보다 태도다. 상대의 말을 끝까지 들어주려는 마음, 서두르지 않는 호흡, 그리고 말하지 않아도 느껴지는 사랑과 배려. 이런 것들이 쌓여서 신뢰가 쌓이고 관계가 발전된다. 그래서 대화는 늘 인내심을 요구한다. 나는 미디어 현장에서 수많은 말, 말들을 보아왔다. 같은 내용을 말해도 어떤 사람은 신뢰를 얻고, 어떤 이는 오해를 받는다. 그 차이는 화려한 표현이 아니라 진정성이었다. 진심은 대개 낮은 목소리로 천천히 전해진다. 그리고 그 말은 오래 남는다.

우리는 종종 '잘 말하는 법'을 찾지만 실상 더 중요한 것은 '잘 경청하는 사람'이 되는 일이다. 고개를 끄덕여주는 순간, 잠시 멈춰서 상대의 말을 기다려 주는 여유, 판단이나 평가보다 이해를 하려는 태도, 그런 작은 행동 하나하나가 모여 대화의 방향을 바꾼다. 이 책을 집필하는 동안 대화법에 대해 곰곰이 생각해 보았다. 말이 아니라 마음을 건네는 일이 얼마나 어려운지 그리고 얼마나 소중한지를….

마지막으로 『대화가 필요한 순간』이 나오기까지 애써준 출판사 분들, 말없이 곁을 지켜준 가족들에게 감사의 마음을 전하고 싶다. 독자 여러분의 일상에도 이 책이 조용히 스며들었기를 바란다.

대화가 필요한 순간

세상과 나를 바꾸는 42가지 대화의 기술

초판 1쇄 인쇄 2026년 3월 15일
초판 1쇄 발행 2026년 3월 25일
지은이 류지현
펴낸이 김정동
편집 김승현

펴낸곳 서교출판사
주소 서울시 중구 충무로 49-1 죽전빌딩 201호
전화 02-3142-1471(대) **팩스** 02-6499-1471
이메일 seokyobook@gmail.com
블로그 http://blog.naver.com/seokyobooks
홈페이지 http://seokyobook.com
ISBN 979-11-94212-09-6 (03190)

서교출판사는 독자 여러분의 투고를 기다리고 있습니다. 커뮤니케이션(대화법) 관련 원고나 아이디어가 있으신 분은 seokyobook@gmail.com으로 간략한 개요와 취지 등을 보내주세요. 출판의 길이 열립니다.

※ 잘못된 책은 바꾸어 드립니다.
※ 책값은 뒷표지에 있습니다.